TENZIN WANGYAL RINPOCHE

MARAVILLAS DE LA
MENTE NATURAL

La esencia del Dzogchen
en la tradición Bön, originaria del Tíbet

BODHI

༄

EL LIBRO MUERE CUANDO LO FOTOCOPIAN

Amigo lector:

La obra que usted tiene en sus manos es muy valiosa, pues el autor vertió en ella conocimientos, experiencia y años de trabajo. El editor ha procurado dar una presentación digna a su contenido y pone su empeño y recursos para difundirla ampliamente, por medio de su red de comercialización.

Cuando usted fotocopia este libro, o adquiere una copia "pirata", el autor y el editor dejan de percibir lo que les permite recuperar la inversión que han realizado, y ello fomenta el desaliento de la creación de nuevas obras.

La reproducción no autorizada de obras protegidas por el derecho de autor, además de ser un delito, daña la creatividad y limita la difusión de la cultura.

Si usted necesita un ejemplar del libro y no le es posible conseguirlo, le rogamos hacérnoslo saber. No dude en comunicarse con nosotros.

Editorial Pax México

༄

Título de la obra en inglés: *Wonders of the Natural Mind*
Publicada por Snow Lion Publications, Ithaca, N.Y., E.U.A.

COORDINACIÓN EDITORIAL: Matilde Schoenfeld
TRADUCCIÓN: Beatriz Álvarez Klein
PORTADA: Víctor M. Santos Gally
FOTOGRAFÍAS: Mary Ellen McCourt y Guillermo de la Cajida
ILUSTRACIONES: Paola Minelli

© 2000 Tenzin Wangyal
© 2004 Editorial Pax México, Librería Carlos Cesarman S.A.
        Av. Cuauhtémoc 1430
        Col. Santa Cruz Atoyac
        México D.F. 03310
        Teléfono: 5605 7677
        Fax: 5605 7600
        Correo electrónico: editorialpax@editorialpax.com
        Página web: www.editorialpax.com

Primera edición, 2004
ISBN 968-860-744-4
Reservados todos los derechos
Impreso en México / *Printed in Mexico*

Dedico este libro a mi madre.

ÍNDICE

Fuentes de los epígrafes xiv
Prólogo de S. S. el Dalai Lama xv
Carta de S. S. Lungtok Tenpa'i Nyima xvii
Prefacio xix

CAPÍTULO 1. Mi vida y experiencias en la enseñanza 1
   Mis padres y mi primera infancia 1
   Mi vida en *Dolanji* 2
   Cómo recibí las enseñanzas del *Zhang Zhung*
      Nyan Gyud 3
   Mi vida con Löpon Tenzin Namdak 7
   La escuela de dialéctica 8
   Mi retiro en la oscuridad 11
   Mis experiencias en occidente 22
   Más reflexiones sobre occidente 25
   Mi primera visita a Estados Unidos 28
   Planes para el futuro 28

CAPÍTULO 2. Tonpa Shenrab Miwoche y la historia
   del Bön 31
   Shenrab Miwoche 32
   Origen mitológico e historia de la religión Bön 33
   Historia posterior del Bön 35

CAPÍTULO 3. La doctrina Bön 39
   Las diversas presentaciones de las enseñanzas Bön 39
      Primer ciclo: Los Nueve Vehículos 39

Segundo ciclo; Los Cuatro Portales y el Arca
Única del Tesoro 40
El ciclo final: los preceptos externos, internos
y secretos 41
Sutra, Tantra y Dzogchen 41

CAPÍTULO 4. Dzogchen del Bön 43
Dzogchen 43
Dzogchen en el contexto de la práctica
espiritual Bön 45
Dzogchen en Bön y en Nyingmapa 46
Tres corrientes de Dzogchen en Bön 48
Tapihritsa 50
Invocación de Nangzher Lodpo a Tapihritsa 54
Instrucciones finales de Tapihritsa 56

CAPÍTULO 5. Cómo y por qué practicar 61
La decisión de seguir un camino espiritual 61
La elección de un camino 65
Sobre la confusión en relación con la práctica 66
El orden correcto de las prácticas 68
Al comenzar a practicar Dzogchen 70
Cómo ocupar la mente en una práctica
de concentración 71
Introducción al Dzogchen 72
Sobre los errores y los obstáculos 73
Cómo desarrollar nuestra práctica 74
Obstáculos para la práctica 77
La meta última de la práctica 81

CAPÍTULO 6. Zhiné: Permanecer en la tranquilidad
de la calma mental 83
La práctica de concentración 83

La práctica de zhiné del Ati 85
Resolución de los problemas 88
Señales de progreso espiritual 89
Introducción al estado natural 92

CAPÍTULO 7. Nyamshag: contemplación 99
El significado de la contemplación
en Dzogchen 99
Concentración y contemplación 100
La mente y la contemplación 101
La mente y la naturaleza de la mente 102
Métodos de contemplación 103
Los pensamientos y la contemplación 105
Tres tipos de experiencia en la contemplación 106
La presencia en Dzogchen 106
Claridad en la contemplación 109

CAPÍTULO 8. Integración 111
La importancia de la integración 111
Integrar la presencia con las acciones 113
Integración de la presencia con las circunstancias
y las pasiones 118
Tres niveles de integración 119
Tres formas de liberación 127
Consejos prácticos sobre la integración 132

CAPÍTULO 9. Kunzhi: la base de todo 135
Kunzhi y la experiencia personal 135

CAPÍTULO 10. Ma: la madre 141
Ma, Bu y Tsal 141
Cualidades y aspectos del espacio 142
La práctica de mirar el cielo 145
Las cuatro cualidades de la madre 146

La madre de toda la existencia 147
La experiencia de la madre en la meditación 148

CAPÍTULO 11. Bu: el hijo 151
Las cualidades del hijo 151
La conciencia de madre e hijo 152
Tres clases de rigpa 153
La práctica de mirar el cielo 154

CAPÍTULO 12. Tsal: la energía 161
Las tres grandes visiones 161
La automanifestación de las tres grandes visiones 161
Cómo experimentar el sonido, la luz y los rayos
en la práctica 163
Cuatro analogías del *Zhang Zhung Nyan Gyud* 165
Cómo experimentar las tres grandes visiones 168
Cómo relacionarnos con la energía 169
Zerbu 170

CAPÍTULO 13. 'Od lNga (Wo Nga):
las cinco luces puras 175
La luz clara 175
El desarrollo de las cinco luces 176
Las dos enseñanzas Dzogchen sobre las cinco luces 177
Las cinco sabidurías y los no-oscurecimientos 178
Las cinco luces puras y el cuerpo 179
Las cinco deidades, poderes, resultados y mandalas 182
Nirvana y Samsara 185
El proceso de Samsara 186

CAPÍTULO 14. Trikaya: las tres dimensiones 191
El principio del Trikaya 191
Tsal y el trikaya 193

El Trikaya en el individuo 194

El buda de la base, el buda del camino y el buda
del fruto 196

El Trikaya en Sutra, Tantra y Dzogchen 198

Las pasiones y el Trikaya 199

CAPÍTULO 15. Trekchöd y Thogal 201

Recomendaciones prácticas en Trekchöd y Thogal 202

Thogal 202

Las cuatro visiones de Thogal 205

CAPÍTULO 16. Sutra y Dzogchen 217

La realidad absoluta según Sutra y Dzogchen 217

La verdad absoluta según Sutra y Dzogchen 218

Cómo descubrir el vacío 219

CAPÍTULO 17. Bardo: la muerte y otros estados
intermedios 223

Cómo prepararse para la muerte 223

La analogía entre la muerte y el sueño 224

Práctica del sueño 226

El proceso de muerte 227

Los seis conocimientos claros y los seis recuerdos 231

Las visiones del *bardo* 233

Un rito funerario del Bön 234

Los *bardos* 235

El *bardo* fundamental de la base 236

El *bardo* de la luz clara 237

Las prácticas *Trekchöd* y *Thogal* para el *bardo* 239

El Bardo de la existencia 241

Los tres *bardos* y los tres niveles de practicantes 242

Samsara y Nirvana 244

Consejos sobre la práctica para el *bardo* 245

APÉNDICE I Primer ciclo: Los Nueve Vehículos 247

APÉNDICE II Segundo ciclo: Los Cuatro Portales
y el Quinto, el Arca del Tesoro 255

APÉNDICE III Con respecto al *Zhang Zhung
Nyan Gyud* 257

Glosario de nombres español-tibetano 263

Glosario de términos español-tibetano 269

NOTA A LA EDICIÓN EN ESPAÑOL

Agradezco la asesoría y revisión del doctor Carlos de León, así como la revisión de Alejandro Chaoul y Carlos Ortiz de la Huerta.

LA TRADUCTORA

Agradezco a Tenzin Wangyal Rínpoche, Alejandro Chaoul-Reich, Mark Dahlby, Wojtek Jan Plucinski, Amalia Gómez, Silvia Manzanilla, Cristina Muñoz y Ester Latorre, sin cuya valiosa ayuda esta revisión no habría sido posible.

LA REVISORA

Las fotografías "Agua de octubre", de la página 149, "Gotas de lluvia y árbol", de la página 159, y "Resplandores en el agua", de la página 174, son obra de Mary Ellen McCourt; la fotografía de la página 9 es de Guillermo de la Cajiga, y los dibujos de las páginas 16-21 son de Paola Minelli.

TRABAJO ARTÍSTICO

Tenzin Wangyal Rínpoche

Su Santidad el Dalai Lama

FUENTES DE LOS EPÍGRAFES

Capítulo 4: *"Zerbu", Zhang Zhung Nyan Gyud*
Capítulo 5: El autor
Capítulo 6: *Gal mDo Tshal Ma*
Capítulo 7: *Gal mDo Tshal Ma*
Capítulo 8: *Gal mDo Tshal Ma*
Capítulo 9: *Zhang Zhung Nyan Gyud*
Capítulo 10: *Gal mDo Tshal Ma*
Capítulo 11: *Gal mDo Tshal Ma*
Capítulo 12: *Gal mDo Tshal Ma*
Capítulo 13: El autor
Capítulo 14: El autor
Capítulo 15: *Gal mDo Tshal Ma*

PRÓLOGO

Bön es la tradición espiritual más antigua del Tíbet y, como la fuente originaria de la cultura tibetana, desempeñó un papel importante en la conformación de la singular identidad del Tíbet. Por ello, muchas veces he hecho hincapié en la importancia de preservar esta tradición. Este libro, *Maravillas de la mente natural*, que contiene enseñanzas impartidas en el extranjero por el joven Geshe Bonpo Tenzin Wangyal, constituye una amplia evidencia de que así se está haciendo.

Con la invasión china de nuestra patria, el Bön, al igual que las demás tradiciones espirituales del Tíbet, sufrió pérdidas irreparables. Sin embargo, debido a los esfuerzos de la comunidad bonpo en el exilio, se han restablecido algunos monasterios Bön en la India y en Nepal. Cuando visité el Monasterio Tashi Menri Ling en Dolanji, situado en las colinas cercanas a Solan, Himachal Pradesh, en la India, me sentí alentado al ver que se ha convertido en un importante centro de enseñanza del Bön.

Este libro será de gran utilidad a aquellos lectores que deseen hallar una explicación clara de la tradición Bön, sobre todo en lo que se refiere a su presentación de las enseñanzas del Dzogchen, y felicito a todos aquellos que contribuyeron a su publicación.

Su Santidad el Dalai Lama

Su Santidad Lungtok Tenpa'i Nyima

CENTRO MONÁSTICO
YUNG-DRUNG BÖN

Oficina Postal de Ochghat,
Via Solan, 173 223
Himachal Pradesh
INDIA

Recientemente se han publicado en Occidente algunos libros sobre el tema del Dzogchen. Éste es el primer libro que describe estas elevadas enseñanzas desde el punto de vista del Bön. Esto me complace muchísimo. Se derivan del *Zhang Zhung Nyan Gyud*, que es la enseñanza más esencial dentro del Dzogchen del Bön.

Lama Tenzin Wangyal Rínpoche ha sido entrenado en este linaje desde la edad de catorce años por el Venerable Löpon Sangye Tenzin y por el Venerable Löpon Tenzin Namdak. Desde los primeros días ha demostrado ser poseedor de un don especial por lo que atañe a estas meditaciones.

El libro está escrito en un lenguaje claro y conciso. Esto es particularmente importante, puesto que las enseñanzas son muy elaboradas y en ocasiones difíciles de entender. El lenguaje simple utilizado aclara enormemente. Las descripciones auténticas del Dzogchen proporcionan al estudiante serio un vasto material para practicar el Dzogchen.

Este libro no incluye historias sino que explica los aspectos quintaesenciales del Dzogchen. En otras palabras, va directamente al grano. En especial aquellos capítulos como los que tratan de la contemplación y de la integración. Recomiendo ampliamente este libro a todo estudiante serio de estas elevadas enseñanzas.

LUNGTOK TENPA'I NYIMA

PREFACIO

Posiblemente a los lectores occidentales les sorprenderá encontrar una tradición tibetana cuya práctica y doctrina son iguales en esencia a las de las enseñanzas espirituales de las cuatro escuelas budistas tibetanas conocidas, pero que no se llama a sí misma "budista", y cuyo linaje no se remonta al príncipe indo Sakyamuni. Sin embargo, el Bön es una tradición que tiene justamente estas características. No es "budista", si definimos el budismo como una religión derivada de dicho príncipe indo iluminado; no obstante, sí se deriva de un buda, Shenrab Miwoche, que, según la tradición Bön, vivió y enseñó en el Asia Central ¡hace 17,000 años!

Este libro no se ocupará de discutir los argumentos históricos con respecto a esta tradición. Sin embargo, doy por sentada la autenticidad de su enseñanza espiritual.

En particular, este libro es una presentación de la tradición Dzogchen. Los occidentales han comenzado a familiarizarse con el Dzogchen a través de las enseñanzas de la escuela nyingmapa, de Su Santidad el Dalai Lama, y de otros maestros tibetanos que residen y enseñan en países de Occidente. El Dzogchen es, de hecho, una enseñanza completa en sí misma, con su propia visión, meditación y prácticas, y es el mismo en esencia, cualquiera que sea el contexto en el cual se presente. He puesto en esta obra las enseñanzas Dzogchen tal como se han desarrollado en la tradición Bön, y en el texto me dirijo sobre todo a los practicantes actuales del Dzogchen y a las personas que desean volverse practicantes. Por ello he hecho hin-

capié en presentar de manera directa el contenido real de las
enseñanzas, más que en tratar cuestiones históricas o técnicas,
y he intentado dar un epítome de los principales puntos del
Dzogchen en un lenguaje contemporáneo que no se atenga
demasiado al vocabulario técnico y la fraseología de los textos
tibetanos. Por supuesto, es inevitable emplear algunos términos tibetanos, pero he tratado de proporcionar traducciones
coloquiales y explicaciones adecuadas de éstos.

Esta presentación directa del Dzogchen será de utilidad
tanto para los practicantes principiantes como para los avanzados. A los principiantes les servirá porque no requiere un conocimiento detallado de la tradición y del vocabulario; pero
también les será útil a los practicantes avanzados. Para aquellas
personas que están familiarizadas con muchos textos y tradiciones puede ser algo valioso contar con un resumen sucinto
de los puntos esenciales del Dzogchen que presente un panorama sinóptico de la tradición y su estructura. En realidad este enfoque directo es muy acorde con el espíritu del propio
Dzogchen. Si bien el Dzogchen puede ser elaborado de múlti-
ples maneras, siempre mantiene la estructura esencial de sus
puntos originales.

He desarrollado este texto a partir de mis experiencias en
la enseñanza de Dzogchen en Occidente durante los últimos
cinco años, y he elegido mi énfasis particular según aquello
que me parece que los estudiantes contemporáneos necesitan
escuchar. Sin embargo, me he mantenido, así lo espero, rigu-
rosamente fiel a la "Perspectiva Dzogchen" en todos los puntos. Las enseñanzas no son un sistema de pensamiento abstracto dotado de una existencia independiente de los practicantes mismos, si bien los principios y la perspectiva de Dzogchen se mantienen constantes y puros.

Este texto está compuesto a partir de mi reciente enseñanza oral basada en el *Zhang Zhung Nyan Gyud*, pero no me he propuesto seguir de manera precisa la estructura de estos textos.

Permítaseme reiterar que este libro es sobre todo para las personas interesadas en explorar el Dzogchen como camino espiritual. De los tres aspectos de cualquier enseñanza budista —Perspectiva, Meditación y Comportamiento—, en Dzogchen se considera que la Perspectiva es el más importante. Dado que un texto como éste se ocupa ante todo de comunicar la Perspectiva, seguramente el lector sensible podrá recibir una parte importante de la enseñanza con sólo estudiar el texto. Sin embargo, al mismo tiempo, es esencial que un auténtico Maestro de Dzogchen confirme y desarrolle su comprensión para que pueda progresar en el camino.

Quisiera dar las gracias a mis maestros, tanto Bön como budistas, de quienes he recibido la transmisión del conocimiento que este libro contiene, así como a mi redactor, Andrew Lukianowicz. También quiero dar las gracias a Anne Klein y a Charles Stein por su ayuda en la preparación del manuscrito, a Harvey Aronson por leerlo, a Anthony Curtis por preparar el glosario, a George y Susan Quasha por su hospitalidad mientras preparaba yo el trabajo y por su colaboración como editores en la Station Hill Press; y a Namkhai Norbu Rínpoche por toda la ayuda que me proporcionó durante mi estancia en Occidente, particularmente en Italia.

CAPÍTULO 1

MI VIDA Y EXPERIENCIAS EN LA ENSEÑANZA

MIS PADRES Y MI PRIMERA INFANCIA

Cuando los chinos invadieron el Tíbet en 1959, mis padres, provenientes de diferentes partes del Tíbet, escaparon a través de Nepal a la India, donde se conocieron y se casaron. Mi padre era un "lama Dunglu" nyingmapa (de un linaje que se transmite a través de la familia) y su nombre era Shampa Tentar. Mi madre se llamaba Yeshe Lhamo, era una bonpo que venía de una importante familia bön del área de Hor. Soy su único hijo varón y nací en Amritsar, en el noroeste de la India. Pasé mis primeros años en el jardín de niños tibetano "Treling Kasang" en Simla, en el norte de la India. Cuando éste cerró, todos los niños fueron enviados a diferentes escuelas; yo asistí a una escuela cristiana hasta los diez años.

Después de la muerte de mi padre, mi madre se volvió a casar, y mi padrastro era un lama Bön. Él y mi madre decidieron que yo no debía estar en una escuela cristiana. Primero recibí alguna educación de los kagyupas, quienes me dieron el nombre de Jigme Dorje; entonces mis padres me mandaron a Dolanji, al norte de la India, donde hay una aldea tibetana bön. Llegar a vivir en una comunidad tibetana fue una experiencia completamente nueva para mí.

MI VIDA EN DOLANJI

Al cabo de una semana me convertí en monje novicio del monasterio. Debido a que mi padrastro era un lama influyente, tuve dos tutores personales. Uno fue Lungkhar Gelong, quien me enseñó a leer y a escribir y me impartió la educación básica. El otro me enseñó "conocimientos mundanos" y también cuidaba mi ropa, cocinaba mi comida y demás menesteres. Era uno de los monjes ancianos respetados y su nombre era Gen Singtruk.

Pasé un par de años viviendo en la misma casa con ellos. En esa época comencé a leer los textos rituales, a escribir usando diferentes tipos de escritura y a aprender las oraciones e invocaciones de las prácticas monásticas. En aquellos días mi maestro Lungkhar Gelong acostumbraba estudiar lógica y filosofía con un pequeño grupo de gente bajo la tutela de Geshe Yungdrung Langyel, que era un "Geshe Lharampa" (el grado más elevado de geshe) en ambas órdenes, la gelugpa y el Bön. Más tarde Geshe Yungdrung Langyel fue mi principal maestro de filosofía cuando estudié para obtener mi grado de geshe.

Los años que pasé con estos dos maestros fueron uno de los períodos más duros de mi educación, porque nunca tenía tiempo de jugar con amigos de mi edad. Todo mi tiempo lo ocupaba en el estudio intensivo, incluso me sentía feliz cuando podía cocinar y limpiar la casa porque era una interrupción del estudio. Veía que otros niños chicos estudiaban en grupo y mi situación me parecía mucho más dura.

CÓMO RECIBÍ LAS ENSEÑANZAS DEL *ZHANG ZHUNG NYAN GYUD*

Uno de los monjes de mayor edad en Dolanji le pidió al maestro Löpon Sangye Tenzin Rínpoche que diera las enseñanzas

Löpon Sangye Tenzin Rínpoche

Zhang Zhung Nyan Gyud del Dzogchen bön; cuando él aceptó, mi padrastro le preguntó si yo también podría recibir las enseñanzas. Dio su consentimiento, indicando que yo debería comenzar al mismo tiempo a hacer el *ngondro* (prácticas preliminares), *phowa* y meditación *zhiné*.

Antes de comenzar, con el fin de ser admitidos en las enseñanzas, se nos pidió que relatásemos nuestros sueños al maestro. Estos sueños servían de señales; sin embargo, como muchos practicantes no soñaban, lo cual era una mala señal, el maestro esperó hasta que todos tuvieran sueños. Según los diversos sueños, él recomendaba prácticas de purificación para eliminar obstáculos y para establecer contacto con los Guardianes a fin de obtener su permiso para recibir las enseñanzas. En mi sueño, yo era un inspector de autobús que revisaba boletos, los cuales eran como sílabas "A" blancas impresas en el centro de pedazos de tela o papel de cinco colores, como *tigles* (puntos de luz) de cinco colores. El maestro dijo que era un signo auspicioso. Un grupo de nosotros, incluyendo a Löpon Tenzin Namdak Rínpoche, comenzamos a recibir las enseñanzas del *Zhang Zhung Nyan Gyud*. El grupo constaba de quince monjes y un seglar, todos de más de cuarenta años. Yo era el único joven entre todos estos adultos.

Después de terminar los nueve ciclos de *ngondro*, practiqué *phowa* con otras dos personas. Practicábamos individualmente; yo hacía el *phowa* en la bodega de la casa de Löpon Tenzin Namdak. (El *phowa* implica la transferencia del principio de conciencia en la forma de un *tigle* a través de una apertura en la coronilla.) También hice mi retiro en la oscuridad en la misma habitación. Como no estaba practicando intensamente, me tomó una semana obtener el resultado, que consistía en el reblandecimiento de la fontanela hasta formar una abertura real. Un par de veces, antes de que llegaran los otros estudiantes, fui con Löpon Sangye Tenzin, quien al mirar la coronilla de mi cabeza vio que la fontanela todavía no se había ablandado. Mis amigos se burlaban de mí, diciendo que mi cabeza era como una piedra. Entonces, Löpon Sangye Tenzin sugirió que practicáramos un poco de *phowa* en grupo, poniéndome al centro con los monjes mayores a mi alrededor. A la mañana siguiente, Löpon miró y al fin pudo insertar una brizna de pasto *kusha*, misma que debía quedar vertical en el hoyo de la fontanela para demostrar que la práctica había tenido éxito. La brizna de pasto tenía como treinta centímetros de largo y permaneció derecha por tres días; algunas veces se me olvidaba que la tenía en mi cabeza y sentía una sensación dolorosa cuando me quitaba la ropa y accidentalmente la jalaba. Si caminaba por la calle cuando hacía viento, sentía que una corriente eléctrica se canalizaba hacia el centro de mi cuerpo a través del pasto.

Después del *phowa* hice meditación *zhiné* en la "A" con Löpon Sangye Tenzin durante bastante tiempo; a través de esta meditación recibí la introducción directa al Dzogchen.

Las enseñanzas Dzogchen duraron tres años. Las únicas interrupciones fueron para *ganapujas* y retiros personales. De hecho, éstas eran enseñanzas *kanye* muy sagradas (es decir que los Guardianes son muy sensibles a estas enseñanzas). A menudo, aunque un maestro pueda tener el permiso de los Guardianes para dar las enseñanzas, si ocurre cualquier ruptura del *samaya* (de los votos) o hay falta de respeto por las enseñanzas, el maestro recibirá en sueños indicaciones de los Guardianes manifestando su desagrado. Cuando tal cosa sucedía, Löpon Sangye Tenzin interrumpía la enseñanza por uno o dos días para hacer la *ganapuja* de *Zhang Zhung Meri* con el fin de purificar nuestras intenciones.

Löpon Sangye Tenzin acostumbraba enseñar en su gran casa de retiros en el pueblo de Dolanji. Cerca de ahí se podía ver a un grupo de cinco monjes estudiando lógica y debatiendo durante los intervalos de los rituales monásticos. Yo los miraba con emoción. Como no podía participar con ellos, me fascinaban sus gestos y movimientos. Cuando les dije lo que estaba aprendiendo acerca del Dzogchen, no me pudieron entender, y cuando ellos me dijeron qué era lo que debatían, no pude entenderlos. Estas personas eran las que se convirtieron en geshes al mismo tiempo que yo, así como el maestro que me enseñó a leer y escribir.

Löpon Sangye Tenzin no sólo era muy versado en el Dzogchen; también había estudiado por muchos años en el monasterio Drepung de la orden gelugpa, así como con maestros de las otras escuelas budistas tibetanas. Era muy estricto y enseñaba de una manera muy directa y clara, haciendo las cosas comprensibles sin necesidad de usar muchas palabras. A menudo con el solo hecho de estar en el grupo resultaba fácil entender las enseñanzas.

Después de terminar este ciclo de enseñanzas, discutimos sobre lo que deberíamos hacer a continuación. Para entonces Löpon Sangye Tenzin no tenía ya buena salud física, así que los estudiantes le pidieron recibir de nuevo el *Zhang Zhung Nyan Gyud*. Como lo requieren la instrucciones tradicionales, Löpon comenzó nuevamente con las biografías de los maestros del linaje (con las que se aprende el significado de la práctica y sus resultados durante la vida de los maestros). Como no pudo continuar, dijo que deberíamos parar en ese punto; añadió que era buena señal que ya hubiéramos comenzado y que ahora continuaríamos recibiendo las enseñanzas de Löpon Tenzin Namdak. Le dijo a Löpon Tenzin Namdak que debía tomar esta gran responsabilidad, indicándole con precisión que diera igual importancia a todos los aspectos de la enseñanza, como el dibujo de los mandalas, etc. Löpon Sangye Tenzin murió unos meses después, en 1977.

MI VIDA CON LÖPON TENZIN NAMDAK

Recuerdo cuando Löpon Tenzin Namdak llegó de Delhi por primera vez. Lo fui a saludar con varias personas y de inmediato me sentí conectado a él. Después de algún tiempo me llamó y me dijo que uno de sus discípulos cercanos, Sherab Tsultrim, estaba enfermo y necesitaba ayuda, por lo cual me pidió que me quedara en su casa para auxiliarlo. Una mañana Löpon Tenzin Namdak me llamó y me habló sobre un sueño que tuvo. En la forma de un hombre negro, la deidad Midu Gyampa Trangpo vino a su habitación, abrió una cortina divisoria, me señaló y le dijo: "Deberías cuidar a este joven, será de beneficio en el futuro." Löpon dijo que era un sueño importante y añadió que, como esta deidad estaba conectada con Walse Ngampa, una de las cinco principales deidades tántricas bön, y como yo estaba conectado con estas dos deidades, debería hacer sus prácticas más asiduamente.

Löpon Tenzin Namdak me cuidó como a un hijo mientras viví en su casa; dormíamos en la misma habitación, me cocinaba, e incluso cosía mi ropa. Al principio vivíamos solos; luego llegó a vivir con nosotros un monje anciano llamado Abo Tashi Tsering, que nos cocinaba. Más adelante otros tres jóvenes vinieron a vivir con nosotros; a menudo, Löpon se refería a nosotros como sus "cuatro hijos sin madre". Uno de estos muchachos fue mi condiscípulo en la Escuela de Dialéctica, y nos volvimos amigos cercanos. Es Geshe Nyima Wangyal, que acompañó a Löpon a Occidente en 1991.

Cuando fui a vivir por primera vez con Tenzin Namdak, él ya era un Löpon (maestro). Asistió a las enseñanzas de Löpon Sangye Tenzin porque quería refrescar y mejorar su comprensión del Dzogchen. Acostumbrábamos ir juntos a las enseñanzas e iniciaciones. Si bien recibí las enseñanzas formales Dzogchen del *Zhang Zhung Nyan Gyud* de mi primer maestro (cronológicamente hablando), Löpon Sangye Tenzin, la mayor parte de mi crecimiento personal tuvo lugar en el período que pasé con mi segundo maestro, Löpon Tenzin Namdak.

Desde mi adolescencia temprana hasta que me convertí en un hombre joven, mi vida entera transcurrió en la presencia de Löpon. Era mi padre, madre, amigo, maestro y guardián. Fue una manera extraordinaria y maravillosa de crecer, física, emocional y espiritualmente. Además de las sesiones formales de clase, todos los instantes que pasaba con él eran Enseñanza.

Mientras estaba viviendo con Löpon Tenzin Namdak conocí a Namkhai Norbu Rínpoche, quien vino a recibir la iniciación de *Zhang Zhung Meri* del Löpon, cuando viajaba por la India con un grupo de italianos que estaban haciendo una película sobre medicina tibetana. La iniciación de esta deidad es necesaria a fin de estudiar y practicar las enseñanzas *Zhang Zhung Nyan Gyud*. De Norbu Rínpoche me atrajeron su gran apertura y sus esfuerzos por presentar la práctica del Dzogchen en Occidente y, particularmente, la ausencia en él de prejuicios culturales en contra de la religión Bön.

LA ESCUELA DE DIALÉCTICA

Löpon Sangye Tenzin había pedido que, después de su muerte, su dinero se gastara en fundar una Escuela de Dialéctica dirigida a alcanzar el grado de Geshe (equivalente a un doctorado

Löpon Tenzin Namdak Rínpoche

en filosofía y estudios metafísicos en una universidad occidental). Una vez fundada, Löpon Tenzin Namdak fue el primer maestro de la escuela, junto con Lharampa Geshe Yungdrung Langyel, que impartió filosofía y lógica. Estuve entre los primeros estudiantes, doce en total; seguíamos un programa estricto de dialéctica, filosofía, lógica, poesía (gané la máxima calificación en una competencia de poesía), gramática, astrología tibetana y medicina. También había un curso de debate, el cual me fascinaba a tal grado, que me volví muy bueno debatiendo.

En esta escuela me eligieron presidente entre los seis estudiantes delegados (también había un vicepresidente, un secretario, un vicesecretario, un tesorero y un *gekhod*, que era responsable de la disciplina). Nos reuníamos cada diez días y sosteníamos reuniones generales con los otros estudiantes una vez al mes. Nos volvimos responsables de la administración de la escuela: planeábamos los cursos y horarios. Todos los días el monasterio proporcionaba dos comidas y el té, y los maestros eran responsables de la enseñanza. Como presidente introduje algunas innovaciones, tales como un curso de composición creativa y debates entre las clases.

El programa en la Escuela de Dialéctica era muy intenso. Nunca teníamos un día libre fijo; siempre asistíamos seis días seguidos a clases y seis noches a debates; en la sexta noche había discusión hasta las tres de la mañana. A esto le seguía un día de descanso; pero si había un día de práctica especial que interrumpía los seis días, entonces perdíamos el día libre. Todos los días asistíamos a clases durante once horas con descansos muy cortos. En la mañana Löpon Tenzin Namdak enseñaba de ocho a doce, y después de la comida dedicaba media hora a dar transmisiones del *Zhang Zhung Nyan Gyud*; de este modo, en nueve años pudo completar la transmisión de todas las enseñanzas. En la tarde enseñaba hasta las cuatro o cinco, luego se retiraba a su habitación para meditar en la oscuridad; mientras tanto continuábamos con nuestras sesiones nocturnas de debate. Tan pronto como yo terminaba, corría a casa y prendía la luz en su habitación; él se cubría inmediatamente los ojos con sus brazos. Entonces nos daba instrucción a Abo Tashi Tsering y a mí, o practicábamos los tres juntos, o simplemente nos sentábamos a platicar.

Algunas veces después de la escuela iba a visitar a mi madre, que vivía cerca de Dolanji. Para llegar ahí, tenía que pasar por un camino que supuestamente estaba infestado de demonios. Löpon Tenzin Namdak se paraba fuera de su casa y me hablaba continuamente mientras yo iba por el camino, para que no tuviera miedo. Cuando ya no podía yo oír su voz, corría el resto del camino a casa de mi madre en el pueblo. Como no me quedaba a dormir en su casa, cuando salía de ahí, mi madre me hablaba mientras caminaba colina arriba. Tan pronto como dejaba yo de oír su voz, corría el resto del camino de regreso a la casa de Löpon.

En la mañana Löpon me despertaba temprano, aunque algunas veces yo me despertaba antes que él, para repetir los textos que había memorizado la noche anterior y escribir poemas.

Al cabo de unos años, el número de estudiantes aumentó a más de sesenta; ya no bastaba con dos maestros, así que empecé a enseñar. Uno de mis primeros estudiantes fue el actual Löpon temporal en Dolanji, Yangal Tsewang, quien es descendiente de una famosa familia de *jalupas*.

MI RETIRO EN LA OSCURIDAD

Antes de morir Löpon Sangye Tenzin hizo algo muy especial. Un día me llamó y me dijo que había hecho cierta práctica y había escrito el nombre de algunas deidades en pedazos de papel, los cuales esparció sobre su altar. Me pidió que recogiera uno de los pedazos de papel; el nombre que apareciera era el de la deidad con la que yo debía practicar. La que escogí fue Sherab Gyammo, un tipo de Tara que es especialmente efectiva para desarrollar las facultades intelectuales. También me dijo que hiciera un retiro en la oscuridad. Yo estaba muy contento. Dos años después (Löpon Sangye Tenzin ya había muerto), pedí permiso a Löpon Tenzin Namdak y a mi madre para hacer el retiro. Aceptaron, aunque a mi madre esto le preocupaba porque era muy insólito que una persona tan joven hiciera un retiro en la oscuridad. Algunas personas en el monasterio, tal vez llevadas por la envidia, dijeron que me volvería loco. A pesar de todo me organicé para hacerlo en la bodega de Löpon Tenzin Namdak, que se había convertido en un baño de huéspedes. Era muy pequeño, aproximadamente de dos por cuatro metros, con paredes de cemento, y la circulación del aire era muy mala. Mi madre me llevaba comida tres veces al día. Durante el retiro, nunca hablé con ella. Löpon y mi madre llegaron a preocuparse porque yo no estaba comiendo mucho en la comida o la cena, quizá por el aire viciado. Pensaron que debería salir antes de tiempo del retiro, pero completé el total de cuarenta y nueve días. Todos los días Löpon venía y se sentaba en el exterior de mi lugar de encierro y platicaba conmigo por media hora. Era muy importante para mí estar cerca del maestro durante todo este tiempo. Yo no podía recordar todas las prácticas de antemano, y como tenía que cambiar de prácticas y visualizaciones cada semana, él me instruía correctamente sobre ello. Durante el tiempo de práctica, mi mente estaba muy vacía, sin nada, sin conceptos; comprendí entonces que no era bueno recibir información del exterior, como las noticias; éstas eran una perturbación, pues daban lugar a una completa sucesión de pensamientos que distraen la mente de la práctica. En cambio era mejor concentrarse por completo en permanecer presente y desarrollar claridad mental. También me fue muy placentera la idea de estar pasando el tiempo de una manera tan constructiva.

Mi retiro en la oscuridad fue todo un éxito y produjo un gran cambio en mi personalidad. Puesto que yo era un joven con mucha energía y dinamismo, no me fue sencillo durante los primeros días permanecer confinado y quieto en una habitación tan pequeña y oscura. El primer día dormí muchísimo; para el segundo día ya me sentía mucho mejor, y cada día había adelantos en mi experiencia con la práctica y mi capacidad de permanecer en la oscuridad. Fue una gran experiencia el estar en contacto conmigo mismo. Perder contacto con los estímulos externos influyentes, tales como los objetos de los que tenemos conciencia por medio de los sentidos, se convirtió en una forma de entrar completamente en mí mismo. Había escuchado historias y chistes sobre los problemas con los que se topa la gente al hacer un retiro en la oscuridad, en el cual los practicantes tienen visiones que aseguran son reales, pero comprendí la forma en la que éstas pueden surgir. En la vida diaria las apariencias externas nos desvían de nuestros pensamientos; pero en el retiro en la oscuridad no hay distracciones de este tipo, por lo cual es más fácil perturbarse con las visiones creadas por nuestra propia mente, incluso hasta llegar al borde de la locura. En el retiro en la oscuridad hay una situación de "aislamiento sensorial"; así, cuando los pensamientos o las visiones surgen en ausencia de mecanismos que corroboren la realidad exterior, los tomamos como verdaderos y los seguimos, fundamentando en ellos otras cadenas de pensamientos. En este caso es muy fácil "sumergirnos" en las fantasías creadas por nuestra mente, convencidos totalmente de su "realidad".

Después de la primera semana, mi percepción subjetiva del tiempo cambió y perdí el sentido del tiempo, de manera que siete días me parecían dos. De este modo, las últimas seis semanas de los cuarenta y nueve días me parecieron como doce días. Al comenzar la segunda semana, empecé a tener muchas visiones de rayos de luz, destellos de *tigles*, arco iris y diversos símbolos. Después de la segunda semana, comenzaron a aparecer las primeras formas semejantes a la realidad concreta.

La primera de estas visiones apareció durante la segunda sesión matutina de la segunda semana. Mientras estaba en el estado de contemplación, vi en el espacio, frente a mí, la cabeza inmensa y sin cuerpo de Abo Tashi Tsering. La cabeza era enorme. En los primeros segundos tuve miedo, pero luego reanudé mi práctica. La cabeza permaneció frente a mí por más de media hora; la visión era tan clara como la realidad externa normal cotidiana y a veces incluso más clara.

Gradualmente fui teniendo más experiencias. Por ejemplo, vi a un hombre con el cabello recogido por un turbante, como un *Mahasiddha*. La sensación fue muy fuerte, positiva, y una investidura. Quizá la visión más impresionante fue una acompañada de mucho movimiento. De hecho no todas las visiones tienen movimiento; algunas son como ver una película. En algunas otras, puedes encontrarte dentro de la visión, y en otras, la visión está encima de ti en el espacio, o a la misma altura, o abajo. En esta ocasión, me encontré en un gran valle con colinas cubiertas de flores rojas. El viento soplaba a través de hermosos árboles, y había una vereda larga y sinuosa, por la cual cinco personas venían caminando hacia mí. Al principio estaban tan lejos, que no podía distinguir sus facciones; pero al cabo de media hora se acercaron tanto, que los reconocí como hindúes. Dos llevaban turbantes sij. Vinieron hacia mí, se dieron vuelta y regresaron sin decir nada.

En otra ocasión, tuve una visión prolongada de una mujer desnuda con cabello largo sentada frente a mí, pero volteada de manera que yo no podía verle la cara. Estas visiones no parecían algo externo; eran manifestaciones de mi propia mente en forma de luz. Incluso si cerraba los ojos continuaba percibiendo las mismas visiones, pero de alguna manera me daba cuenta de que estaban en diferentes direcciones y posiciones.

Algunas veces las visiones cambiaban de forma. Por ejemplo, apareció una visión de un plato de comida con papas, tomates y frijoles, que luego se transformó en un bello río con peces y piedras. Podía ver muy claramente peces nadando dentro del agua cristalina.

Éstas no fueron las únicas visiones que tuve, pero sí las más notables.

Casi al final del retiro experimenté que mi claridad aumentaba enormemente, incluso parecía ver lo que sucedía en el exterior de mi cuarto de encierro. Una vez, con los ojos de mi mente, percibí a mi madre trayéndome comida; yo "veía" cada paso que ella daba hacia la casa hasta que llegaba a la puerta y la tocaba para decirme que había llegado. Al mismo tiempo oí efectivamente tocar la puerta y mi madre "real" me avisó que había llegado con la comida; los movimientos de mi madre en mi visión y los movimientos de mi madre real fueron sincrónicos.

Ningún sonido acompañaba a estas visiones, ni se me ocurrió tratar de hablar con ellas. Sólo después de terminar el retiro mi mente intelectual pensó que habría sido bueno hablarles.

Símbolos de Thogal

A lo largo del retiro purifiqué muchas cosas de mí mismo y desarrollé mi práctica y mi claridad. En uno de mis sueños después del retiro, que según Löpon era una señal de haber logrado la purificación, veía cómo me cortaba la vena de mi tobillo izquierdo con un cuchillo y salían insectos y sangre. Después de mi retiro me volví tan tranquilo y calmado, que mi madre sugirió ¡que todas mis hermanas deberían hacer un retiro en la oscuridad!

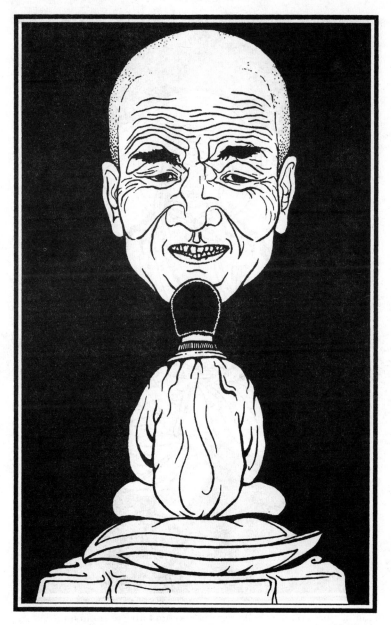

"Vi la cabeza inmensa y sin cuerpo de Abo Tashi Tsering..."

"...un hombre con el cabello recogida por un turbante como un *Mahasiddha*..."

"Me encontré en un gran valle... El viento soplaba a través de los árboles y había una vereda larga y sinuosa por la cual cinco personas venían caminando hacia mí."

"...un plato de comida con papas, tomates y frijoles apareció y luego se transformó..."

"Podía ver muy claramente peces nadando dentro del agua cristalina."

Mis experiencias en Occidente

Desde mi juventud sentí siempre una fuerte atracción por la metodología científica occidental y el enfoque académico de los estudios religiosos. Después de completar mis estudios en la India, donde obtuve el grado de *geshe*, deseaba continuar mi formación en Occidente. En Dolanji conocí a varios estudiantes occidentales que estaban estudiando Bön, como el profesor Snellgrove, el profesor Kværne y el profesor Blondeau. Per Kværne me invitó a Noruega a hacer mi doctorado sobre las deidades bön tántricas en la universidad de Oslo, y Anton Geels, profesor de psicología de las religiones, me invitó a la Universidad de Lund en Suecia para trabajar en investigación junto con su esposa, que estaba traduciendo el *Zhang Zhung Nyan Gyud*. Al mismo tiempo, Namkhai Norbu Rínpoche me invitó a Merigar, el centro de la Comunidad Dzogchen en Italia. Tardé dos meses en obtener la visa italiana, pero al fin, con grandes dificultades, logré ir a Italia. Mi segunda visita a Europa fue en enero de 1988; ya había yo visitado Francia, Bélgica y Alemania en 1983, con la primera gira de los Danzantes Sagrados Enmascarados Bonpos, como director del grupo y actor.

Cuando llegué a Italia, contaba ya con varios amigos italianos, que ya habían visitado Dolanji. Me quedé en casa de Andrea dell'Angelo y de Giacomella Orofino en Roma; pero como mi permiso de residencia era muy corto, lo fui a renovar después de una semana. Al mismo tiempo fui con Enrico dell'Angelo al instituto IsMEO en Roma, donde me ofrecieron inmediatamente un empleo; y entonces comencé a trabajar en su biblioteca. Después me dirigí a Merigar; ésta fue la primera comunidad espiritual que visité en Occidente.

Aunque mi intención al venir a Occidente no era la de enseñar sino más bien la de estudiar, comencé a dar instrucción cuando me lo pidió un pequeño grupo de practicantes de un centro de *Dharma* en Milán, llamado *Terra delle Dakini*. Me extrañaba mucho que hubiera un pago fijo por recibir las enseñanzas, casi como si las estuvieran evaluando. Comencé, entonces, a enseñar en numerosos centros de Italia y en otras partes de Europa.

Al principio me sentí incómodo enseñando Dzogchen en Occidente, por varias razones: porque era gente nueva y yo no los conocía, y porque para mí las enseñanzas Dzogchen son lo más importante en mi vida. En Occidente no encontraba en lo más mínimo la misma actitud respetuosa de cuando yo recibí Dzogchen de mis maestros. Aquí, en Occidente, a la gente le parece correcto hablar de las enseñanzas en cualquier lugar, incluso se sientan en los bares a discutir las enseñanzas como una conversación ordinaria o un chismorreo ocioso. También noté de inmediato que lo que decían sobre la integración del Dzogchen a su vida cotidiana no correspondía con su comportamiento normal, al cual le faltaba compasión, presencia, destreza y conciencia despierta. También me di cuenta, con el paso del tiempo, de que la gente asistía a un curso de fin de semana y no regresaba. Parecía no existir ninguna conexión personal entre maestro y estudiante, como la que hay en un contexto tradicional en el Tíbet o en la India, en la cual el maestro enseña un método y el alumno lo practica y luego regresa a informar al maestro sobre sus experiencias. No me gustaba la falta de contacto continuo entre el maestro y el estudiante: aquí parecía como si ir a escuchar las enseñanzas fuera lo mismo que escuchar una conferencia ordinaria en un auditorio, lo cual suele ser muy impersonal; me sentía casi como si estuviera hablando en la radio.

Para mí, transmitir el Dzogchen es una responsabilidad. Quiero tener la certeza de que la gente entienda lo que enseño, y algunas veces hago un énfasis enérgico en este aspecto. A menudo la gente era superficial en lugar de ser concreta, y parecía esperar con fe ciega que algo misterioso pasara, en lugar de trabajar para obtener la experiencia directa. Algunos grupos parecían muy intelectuales, otros muy anti-intelectuales. Sin embargo, con la intención de ayudar a los demás y tomando en cuenta, a la vez, lo que me dijo mi maestro Löpon Sangye Tenzin acerca del peligro de que las enseñanzas Dzogchen desaparecieran en el kaliyuga, hice mi mejor esfuerzo para transmitir las enseñanzas.

Viéndolo desde el lado positivo, encontré que es más fácil hacer práctica en grupo con seglares occidentales que con seglares tibetanos en la India o en el Tíbet, donde la gente queda satisfecha con las iniciaciones sin saber necesariamente qué están recibiendo.

Algunos meses más tarde, en la Pascua de 1988, dirigí mi primer retiro en Merigar. En esa ocasión quise dar a las personas oportunidad de hablar sobre sus experiencias. Me complació mucho la receptividad de los recién llegados a las prácticas y enseñanzas que impartí. Después de estar tres meses en Italia, fui a Escandinavia por cerca de cinco meses; allí trabajé en mi tesis y también impartí seminarios, en Oslo, Copenhague y Estocolmo. Después fui a Inglaterra y di enseñanzas en Londres y Devon. Encontré que algunos budistas occidentales tenían percepciones e información erróneas sobre el Bön y no se sentían muy bien al escuchar enseñanzas de "un maestro bön". Al principio se sentaban lejos, pero gradualmente se acercaban, al reconocer que yo estaba dando enseñanzas Dzogchen sin etiquetas.

Aprendí mucho durante mi primera visita prolongada a Occidente, y algunos meses después de haber regresado a la India, decidí volver para hacer mi tesis mientras trabajaba para el IsMEO en Roma, a fin de aprender más sobre la cultura y la psicología occidentales, así como trabajar con la Comunidad Dzogchen. Mientras estaba en Roma, la gente de la Comunidad Dzogchen en Italia me invitó a diferentes ciudades a enseñar durante la ausencia de Namkhai Norbu Rínpoche (él estaba en su año sabático de la universidad, para efectuar investigaciones en China). Acepté en la medida en que mis otras obligaciones y compromisos me lo permitieron. Establecí muy buenas relaciones espirituales y amistosas con la gente de Italia. Para mí era mucho más alentador ver grupos constantemente, porque así había un sentido de comunidad en las enseñanzas que impartía, y también se creaba el sentimiento de ser una familia.

MÁS REFLEXIONES SOBRE OCCIDENTE

Otra cosa que quiero mencionar es que, entre los practicantes occidentales, parece faltar algunas veces la "perspectiva" correcta o la manera correcta de observar las enseñanzas. Pienso que para preservar las enseñanzas debe cultivarse y sostenerse una perspectiva espiritual especial y específica. Esta perspectiva ya existe y es parte de la cultura tibetana, lo que ha ayudado a proteger las enseñanzas. Es necesario prepararse de un modo especial para estudiar las enseñanzas, y esto es mucho más necesario en Occidente. Obtener esta perspectiva no es imposible: he visto cambios en muchas personas que seria y conscientemente siguen las enseñanzas.

Me gusta especialmente enseñar a personas que han recibido enseñanzas de diferentes maestros porque de alguna manera ya han percibido un "sabor" diferente a través de los diversos modos de enseñar y han adquirido un panorama más general. Asimismo, como ya tienen algunos conocimientos, me siento más satisfecho cuando aprecian lo que enseño; por el contrario, encuentro que las personas que han recibido enseñanzas únicamente de otro maestro son más dadas a comparar mi enseñanza con la del otro maestro y hacer juicios.

Otra cosa que considero muy importante es la relación entre maestro y discípulo, y encuentro que está muy mal entendida en Occidente. Por ejemplo: si un estudiante se hace amigo de un maestro, este aspecto de la relación debe mantenerse separado de la relación espiritual o "dhármica"; de otra manera, si se rompe la amistad, esto puede dar lugar a una ruptura en la relación dhármica. Por supuesto, esto no significa que maestro y estudiante no puedan ser amigos; sin embargo, en Oriente la relación dhármica siempre predomina sobre la amistad mundana. Esto crea un vínculo más fuerte que en Occidente. Quizá sea porque el sentido del ego es más fuerte en Occidente: hay una gran necesidad de "poseer" al maestro como amigo y también de obtener constantemente sus evaluaciones positivas.

Hay algunas personas que se rebelan contra el marcado énfasis occidental en el conocimiento intelectual y se ven atraídas por maestros que parecen anti-intelectuales, porque de esta manera pueden perpetuar sus conceptos y fantasías acerca de la "espiritualidad", en lugar de tener que aprender algo nuevo para desarrollar sus mentes. Pero, de hecho, el camino Dzogchen también contiene conceptos difíciles que requieren de un esfuerzo intelectual para comprenderlos, y también prácticas que permiten al practicante observar y darse cuenta de cómo las prácticas específicas afectan y cambian su mente.

Por otra parte, una cualidad positiva de los practicantes occidentales es que desean tener orden en lo que aprenden. Esto conduce a muchas preguntas precisas sobre las enseñanzas y las formas de hacer las prácticas, cosa que a menudo falta en los practicantes tibetanos.

Algún día habrá maestros occidentales de Dzogchen y de las otras tradiciones espirituales tibetanas. Esto trae a colación el difícil problema de considerar en qué medida pueden eliminarse los aspectos culturales tibetanos de la enseñanza sin que ésta pierda su cualidad especial. Cualquier enseñanza impartida en Occidente por un maestro tibetano va a experimentar cambios por el mero hecho de ser enseñada en un contexto cultural nuevo y diferente, y en la medida en que un maestro logre comunicarse mejor con la mente occidental, tendrá que modificar más sus enseñanzas. Pero un buen maestro sólo cambiará aquellos aspectos que faciliten la comunicación y no cambiará nada esencial, pues esto puede deteriorar la pureza de la enseñanza.

Un problema que parece muy difícil de evitar tiene que ver con la tendencia de las escuelas espirituales a querer preservar sus tradiciones de una manera muy cerrada, por un lado, y a querer ser muy abiertos y no sectarios, por el otro; pero a menudo existe el peligro de que este no sectarismo pueda convertirse en una fuente de autojustificación y llevar a una actitud tan cerrada como la de los sectarios.

Otra cosa que he observado es que ser un maestro espiritual puede transformarse fácilmente en una expresión de la pasión básica humana del orgullo, por lo que el maestro se convierte en un líder como si fuera un comandante militar. Sin embargo, debido a las connotaciones espirituales del ser un maestro, tal situación parece ser más fácil de manejar que en el caso de un comandante; pero creo que es muy importante para los maestros observar esto y trabajarlo.

Me gustaría concluir diciendo que, si bien es necesario conservar los mantras en su forma original, porque sus efectos poderosos radican en el sonido, las oraciones sí pueden traducirse a otro idioma, porque es importante entender su significado.

MI PRIMERA VISITA A ESTADOS UNIDOS

En enero de 1990, el año en que murió mi madre, fui por vez primera a Estados Unidos, invitado por la Comunidad Dzogchen en Conway, Mass. Viajé por Estados Unidos durante casi tres meses, visitando el Centro Tíbet de Nueva York, otros centros del *Dharma*, grupos espirituales y también varias universidades, donde impartí conferencias por más de 130 horas. Mientras estaba en Estados Unidos, la profesora Anne Klein de la Universidad Rice de Houston me invitó a impartir enseñanzas públicas y conferencias en dicha universidad. Aunque tenía un programa muy intensivo, en abril, al final de mi viaje, logré ir a Houston por algunos días. Hice un contacto muy bueno con Anne, y discutimos futuras traducciones y proyectos de estudios. Anne me volvió a invitar por medio de la Universidad Rice; regresé en agosto del mismo año y me quedé dos semanas. Juntos trabajamos sobre el *Gal mdo*, un texto de Dzogchen del Bön, y con textos sobre la famosa deidad bön, Sidpe Gyalmo (*Sridpa'i rGyalmo*), la "Reina de la Existencia".

PLANES PARA EL FUTURO

Cuando se me concedió la beca Rockefeller en la Universidad Rice (1991/92), dejé mi trabajo en el IsMEO. En Rice he estado dando pláticas, realizando investigaciones y asistiendo a las clases de la universidad sobre las religiones del mundo. Mi trabajo y estancia en América han sido muy placenteros y cómodos, gracias al amable apoyo de la profesora Anne Klein y su esposo, Harvey Aronson. Aunque extrañaba la belleza, tranquilidad de vida y afabilidad de Italia, comprendí que era más conveniente estar en América, donde el sistema educativo funciona mejor y puedo continuar mejor con mi trabajo académico.

Tengo muchos planes para el futuro. En 1991, mi maestro Löpon Tenzin Namdak estuvo en Estados Unidos para participar en las iniciaciones del Kalachakra en la ciudad de Nueva York. Durante su estancia vino a Houston, y juntos planeamos el programa del Instituto Ligmincha y diseñamos su logotipo. Continúo con este proyecto, alentado por los esfuerzos

El autor y Su Santidad el Dalai Lama

dedicados y tenaces de mis amigos y estudiantes americanos, en particular Anthony Curtis y Joan Kalyan Curtis, Victor y Virginia Torrico, John y Cindy Jackson. Se le llamó Instituto Ligmincha por el apellido de los últimos reyes de Zhang Zhung. Se estableció en Virginia y ofrece a los estudiantes programas de siete años de estudio, que incluyen dos años de estudios de Sutra, dos de Tantra y tres de Dzogchen, con la posibilidad de obtener créditos universitarios. Cada año de estudio incluirá prácticas muy precisas relativas a los temas enseñados. Esperamos comenzar los cursos en 1993.* Además del programa de siete años, el instituto ofrecerá cursos sobre medicina, lengua, poesía, música y otras expresiones artísticas tibetanas.

Tengo otros dos proyectos futuros. El primero comprende la investigación de la relación entre la psicoterapia y las prácticas espirituales. En especial, consiste en desarrollar, junto con terapeutas que tengan experiencia en la práctica, nuevas técnicas terapéuticas para tratar los problemas específicos que puedan surgir en ella, a fin de ayudar a los practicantes. He visto que a menudo hay expectativas excesivas o conflictos personales sin resolver (para los cuales resulta mejor el tratamiento psicoterapéutico), que pueden crear problemas a los practicantes con el maestro, con otros practicantes y con las enseñanzas.

El segundo tiene que ver con trabajar más cercanamente con los indios americanos. He descubierto que hay muchas similitudes entre las tradiciones espirituales indígenas americanas y la cultura tibetana, en particular la tradición Bön. Me gustaría trabajar más extensamente compartiendo e intercambiando información entre estas dos culturas espirituales.

---

* Efectivamente, el Instituto Ligmincha, situado en Charlottesville, Virginia, EUA, entró en plenas funciones de docencia en el año de 1993 [Nota de traducción].

TONPA SHENRAB MIWOCHE
Y LA HISTORIA DEL BÖN

SHENRAB MIWOCHE

Bön, la más antigua tradición religiosa del Tíbet, autóctona y prebudista, aún es practicada hoy en día por muchos tibetanos en la India, en Nepal y en el Tíbet. El fundador de la religión bön en el mundo humano es el Venerable Tonpa Shenrab Miwoche.

De acuerdo con el relato biográfico tradicional,[1] en una era previa, Shenrab se llamaba Salwa y estudió las doctrinas Bön con sus dos hermanos Dagpa y Shepa en el paraíso Sidpa Yesang, bajo la guía del sabio bön Bumtri Logi Cesan. Después de terminar sus estudios, los tres hermanos visitaron al Dios de la Compasión, Shenlha Okar, para preguntarle cómo podían aliviar el sufrimiento de los seres sintientes. Éste les aconsejó actuar como guías de la humanidad en las tres eras sucesivas del mundo. Dagpa enseñó en la era pasada; Salwa se manifestó como Tonpa Shenrab Miwoche y es el maestro y guía de la era actual; el hermano más joven, Shepa, vendrá a instruir en la próxima era.

Tonpa Shenrab descendió de los planos celestiales y se manifestó al pie del monte Meru con dos de sus discípulos cercanos, Malo y Yulo. Entonces, en un jardín luminoso repleto de flores maravillosas nació como príncipe, como el hijo del rey Gyal Tokar y la reina Zanga Ringum; en un palacio al sur del monte Yungdrung Gutseg, al amanecer del octavo día del primer mes del primer año del ratón de madera macho (1857 a. C.). Se casó joven y tuvo hijos. A la edad de treinta y un años renunció a la vida mundana, comenzó a practicar austeridades y a enseñar la doctrina Bön. A lo largo de su vida, los esfuerzos para propagar las enseñanzas Bön fueron obstruidos por el demonio Khyabpa Lagring, quien luchó para destruir su trabajo; no obstante, con el paso del tiempo se convirtió en su discípulo. Una vez, Khyabpa robó los caballos de Shenrab, y éste lo persiguió a través de Zhang Zhung hacia el sur del Tíbet. Shenrab entró en el Tíbet cruzando el monte Kongpo.[2]

Ésa fue su única visita al Tíbet. En aquel tiempo los tibetanos practicaban sacrificios rituales. Shenrab dominó a los demonios locales e impartió instrucciones para la realización de rituales usando ofrendas de pasteles en forma de animales, lo cual llevó a abandonar los sacrificios de animales. En general, encontró el lugar sin preparación para recibir las más elevadas enseñanzas Bön de los cinco vehículos "del fruto"; pero enseñó los cuatro vehículos "causales". En estas prácticas el énfasis consiste en reforzar las relaciones con los espíritus guardianes y el entorno natural, exorcizar demonios y eliminar negatividades. También enseñó prácticas de purificación por medio del humo y baños lustrales; introdujo las banderas de oraciones como una forma de reforzar la buena fortuna y la energía positiva. Antes de dejar el Tíbet, profetizó que todas sus enseñanzas florecerían en este lugar cuando fuera el tiempo indicado. Tonpa Shenrab murió a la edad de ochenta y dos años.[3]

ORIGEN MITOLÓGICO E HISTORIA DE LA RELIGIÓN BÖN

Según la literatura mitológica, hubo "tres ciclos de diseminación" de la doctrina Bön en tres dimensiones: la dimensión su

Shenrab Miwo. Forma de Nirmanakaya (Tonpa Trisug Gyalwa).

perior de los dioses o *Devas* (*lha*), la dimensión media de los seres humanos (*mi*) y la dimensión inferior de los *Nagas* (*klu*).

En la dimensión de los *Devas*, Shenrab construyó un templo llamado "La cima indestructible que es el castillo de los Lha" y abrió el *mandala* de "Aquellos totalmente victoriosos del espacio"; estableció las enseñanzas de los Sutras y nombró un sucesor, Dampa Togkar.

En la dimensión de los *nagas*, construyó un templo llamado "El continente de los cien mil Guésares" que es el castillo de los *nagas*" y abrió el *mandala* de la Madre del Loto Puro. Estableció las enseñanzas del sutra del Prajnaparamita y dio instrucciones sobre la naturaleza de la mente.

En la dimensión humana, Shenrab envió emanaciones a tres continentes para el bienestar de los seres sintientes. En este mundo, originalmente explicó sus enseñanzas en la región de Olmo Lungring, situada al poniente del Tíbet y parte de un territorio mayor llamado Tazig, identificado por algunos estudiosos modernos como Persia o Tayikistán. "Ol" simboliza el no nacido; "mo", el nunca disminuido; "lung", las palabras proféticas, y "ring", la eterna compasión de Tonpa Shenrab. Olmo Lungring constituye la tercera parte del mundo existente, y se lo concibe como un loto de ocho pétalos bajo un cielo que parece una rueda de ocho rayos. En el centro de Olmo Lungring se eleva el monte Yungdrung Gutseg, "La pirámide de nueve svásticas". La svástica (tib: *Yungdrung*) es el símbolo de permanencia e indestructibilidad. Las svásticas apiladas representan los Nueve Vehículos del Bön. Al pie del monte Yungdrung Gutseg nacen cuatro ríos, que corren hacia los cuatro puntos cardinales. Esta descripción ha llevado a algunos estudiosos a identificar el monte Yungdrung Gutseg con el monte Kailash, y Olmo Lungring con Zhang Zhung, el territorio situado alrededor del monte Kailash, en el Tíbet occidental, cuna de la civilización tibetana. La montaña está rodeada de templos, ciudades y parques. El acceso a Olmo Lungring es a través del "camino de la flecha", así llamado porque, antes de visitar el Tíbet, Tonpa Shenrab disparó una flecha y creó un pasadizo a través de la cordillera.

Hasta el siglo séptimo d. C., Zhang Zhung existió como un estado independiente que comprendía todo el Tíbet occidental alrededor del monte Kailash y el lago Manasarovar. Su capital era Khyunglung Nulkhar, "El palacio plateado del valle Garuda"; sus ruinas se encuentran en el valle Sutlej, al suroeste del monte Kailash. Su gente hablaba una lengua burmesa-tibetana y fue gobernada por una dinastía de reyes que finalizó en el siglo octavo d. C., cuando el rey Ligmincha o Ligmirya fue asesinado por el rey Trisong Detsen del Tíbet y Zhang Zhung fue anexado al Tíbet.

HISTORIA POSTERIOR DEL BÖN

Con el esparcimiento del budismo en el Tíbet y después de la fundación del primer monasterio budista en Samye en el año 779 d. C., durante el reinado del rey Trisong Detsen, el Bön decayó. Al inicio, el rey Trisong Detsen fue renuente a eliminar las prácticas bön e incluso patrocinó la traducción de los textos bön; sin embargo, después instigó una dura represión. El gran maestro y sabio bön del siglo octavo, Dranpa Namkha –padre de Guru Padmasambhava el nacido del Loto, fundador de la tradición budista Nyingmapa (*rNying ma pa*) y difusor de las enseñanzas tántricas y de las enseñanzas Dzogchen en el Tíbet– adoptó la nueva religión públicamente, pero mantuvo su fidelidad y su práctica bön en privado con el fin de preservar en secreto el Bön. Le preguntó al rey: "¿Por qué haces una distinción entre *bön* y *chos*?" (las palabras "*bön*", para los bonpos, y "*chos*", para los budistas, significan, ambas, "*dharma*" o "verdad"), ya que sostenía que en esencia eran iguales. Vairochana, el sabio budista discípulo de Padmasambhava, y muchos otros traductores de textos del budismo de la India y Oddiyana, participaron en la traducción de los textos bön del idioma de Drusha. Para salvarlos de la destrucción, muchos textos bön fueron escondidos como *termas* para que pudieran encontrarse después, en tiempos más propicios.

En los siglos IX y X d. C., el Bön sufrió nuevamente persecuciones e intentos de erradicarlo. Los seguidores del Bön, sin embargo, fueron capaces de conservar las escrituras hasta el siglo XI d. C., durante el cual hubo un renacimiento del Bön. Esto se apresuró por el redescubrimiento de varios textos importantes por Shenchen Luga, un descendiente del mismísimo gran maestro Tonpa Shenrab.

Shenchen Luga tuvo muchos seguidores, algunos de los cuales fundaron los primeros monasterios bön en el Tíbet. En 1405, el gran maestro bön Nyamed Sherab Gyaltsen fundó el monasterio Menri. Menri y el monasterio Yundgrung Ling se convirtieron en los monasterios bön más importantes.

NOTAS

1 Hay tres ediciones diferentes de su biografía: la versión larga, llamada '*Dus pa rin po che'i rgyud dri ma med pa gzi brjid rab tu 'bar ba'i mdo*, que consta de sesenta y un capítulos en doce volúmenes (traducidos parcialmente por Snellgrove en *Los Nueve Vehículos del Bön*). La versión media, llamada '*Dus pa rin po che'i rgyud gzer mig*, consta de ocho capítulos en dos volúmenes. La versión corta, llamada *mDo 'dus*, consta de veinticuatro capítulos en un volumen.

2 Kongpo Bonri (la montaña del Bön) es la única montaña sagrada en el Tíbet en torno a la cual bonpos y budistas caminan en círculo, en sentido contrario a las manecillas del reloj. La montaña tiene muchos rasgos notables, incluyendo rocas talladas con escenas y descripciones de la vida de Shenrab (visité esta montaña sagrada en 1986 y noté que cientos de tibetanos, bonpos y budistas por igual, caminaban en círculo durante tres días alrededor de la montaña).

3 Después de la muerte de Shenrab, seis excelentes traductores estudiaron y se instruyeron bajo su sucesor Mucho Demdrug y, subsecuentemente, tradujeron las enseñanzas Bön a sus propios idiomas. Estos seis traductores fueron Mutsa Traher, de Tazig; Tritag Patsa, de Zhang Zhung; Guhu Lipa, de Sumpa; Ladag Nagdro, de China, y Sertong Lejam, de Khrom. Algunas de las enseñanzas que se originaron en Tazig se introdujeron directamente al Tíbet, mientras que otras llegaron a través de Zhang Zhung, la India y China. Las que venían de la India se conocen como *Gyagarma* y contienen todos los ciclos de los *Nueve Vehículos del Tesoro Central*.

CAPÍTULO 3

LA DOCTRINA BÖN

LAS DIVERSAS PRESENTACIONES DE LAS ENSEÑANZAS BÖN

Las enseñanzas Bön impartidas por Tonpa Shenrab se presentan en diversas formas y con diferentes clasificaciones, en los tres relatos escritos sobre la vida de Tonpa Shenrab. Se dice que éste explicó el Bön en tres ciclos de enseñanzas sucesivos: primero expuso los "Nueve Vehículos (o etapas sucesivas de la práctica) del Bön", después enseñó los "Cuatro Portales Bön y el Quinto, el Arca del Tesoro"; finalmente reveló los "Preceptos externos, internos y secretos".

PRIMER CICLO: LOS NUEVE VEHÍCULOS

Hay tres formas diferentes de clasificar los nueve vehículos del eterno Bön: Los tesoros del norte, los del sur y los del centro. Estos sistemas de enseñanza fueron escondidos durante las primeras persecuciones del Bön, para ser redescubiertos como *termas*. En Drigtsam thakar (*Brig mtshams mtha 'dkar*), en el sur del Tíbet, y en Padro (*sPa gro*), en Bután, se descubrieron los Tesoros del sur; en Zang Zang Lha dag y en Dang ra Chung dzong (*Dwang ra khyung rdzong*), en el norte del Tíbet, se encontraron los Tesoros del norte; los descubiertos en Samye (*bSam yas*) y en Ierpa drag (*Yerpa'i brag*), en el centro del Tíbet, son los Tesoros del centro.

En los tesoros del sur, los nueve vehículos se subdividen en los inferiores, o "cuatro vehículos causales", que contienen los mitos, leyendas, rituales y prácticas relacionados básicamente con trabajos de energía en términos de magia para curar y para alcanzar la prosperidad; y los superiores, o "cinco vehículos del fruto", cuyo propósito es liberar al practicante del ciclo de transmigración samsárica.

Los nueve vehículos de los tesoros del norte no se conocen de manera exhaustiva. En el sistema *Zang zang ma*, se dividen en tres grupos: externos, internos y secretos.

Los nueve vehículos de los tesoros centrales son muy similares a las nueve vías del budismo Nyingmapa. De hecho, son ciclos de enseñanzas *Gyagarma* que se introdujeron al Tíbet desde la India y fueron traducidos por el gran erudito Vairochana, quien trabajó como traductor de ambas tradiciones espirituales, la budista y la bön.

SEGUNDO CICLO: LOS CUATRO PORTALES Y EL ARCA ÚNICA DEL TESORO

El segundo ciclo del Bön expuesto por Shenrab se divide en cinco partes. El primer portal trata de prácticas esotéricas tántricas y conjuros. El segundo portal consiste en varios rituales (mágicos, de predicción y adivinatorios, etc.) de purificación. El tercero se refiere a reglas para la disciplina monástica y para los seglares, e incluye explicaciones filosóficas; el cuarto instruye en ejercicios psico-espirituales, como la meditación Dzogchen. La quinta enseñanza se llama el "Arca Única del Tesoro" y comprende los aspectos esenciales del conjunto de los cuatro tesoros.

EL CICLO FINAL: LOS PRECEPTOS EXTERNOS,
INTERNOS Y SECRETOS

Las enseñanzas finales que expuso Tonpa Shenrab consisten en los tres ciclos de preceptos externos, internos y secretos.

El ciclo externo es el camino de renunciación *Pong lam* (*spong lam*): las enseñanzas Sutra. El ciclo interno es el camino de transformación *Gyur lam* (*sgyur lam*): las enseñanzas tántricas, en las cuales se utilizan mantras. El ciclo secreto es el camino de autoliberación *Drol lam* (*grol lam*): las enseñanzas Dzogchen. Esta división en Sutra, Tantra y Dzogchen (*do ngag sem sum, mdo sngags sems gsum*) se encuentra también en el budismo tibetano.

SUTRA, TANTRA Y DZOGCHEN

Según el Bön, las cinco pasiones –ignorancia, apego, ira, celos y orgullo– son la principal causa de todos los problemas de esta vida y de la transmigración en samsara. También se les llama los cinco venenos porque matan a la gente. Éstas son pasiones que debemos vencer a través de la práctica. De acuerdo con la perspectiva del Sutra, se requiere pasar por muchas vidas para purificar las pasiones y lograr la iluminación, mientras que según la perspectiva del Tantra y del Dzogchen, el practicante puede obtener la iluminación en esta misma vida.

Diversas religiones y tradiciones espirituales han desarrollado varias formas de purificar las pasiones y obtener la realización. En el Yungdrung Bön, éstas son: el método de renunciación, el método de transformación y el método de autoliberación.

Para tratar con las pasiones, podemos usar el ejemplo de una planta venenosa. De acuerdo con la interpretación Sutra, la planta debe destruirse, porque no hay otra manera de resolver el problema de su veneno. El practicante de Sutra renuncia a todas sus pasiones.

De acuerdo con el sistema tántrico, el adepto deberá tomar la planta venenosa y mezclarla con otra planta, con el fin de formar un antídoto: no rechaza las pasiones, sino que trata de transformarlas en una ayuda para la práctica. El adepto tántrico es como un doctor que transforma la planta venenosa en medicina.

El pavo real, por otra parte, se come la planta venenosa porque tiene la capacidad de usar la energía contenida en el veneno para hacerse más bello; es decir, transmuta la propiedad venenosa de la planta en energía para crecer. Éste es el método Dzogchen de liberación de las pasiones sin esfuerzo, directamente, a medida que surgen.

CAPÍTULO 4

DZOGCHEN DEL BÖN

La sabiduría auto-originada es la base.
Las cinco emociones negativas son energía manifestada.
Ver las emociones como equivocaciones es un error.
Dejarlas ser en su propia naturaleza es el método
para encontrar el estado no dual de la Liberación.
La superación de la esperanza y el miedo es el resultado.

Si bien han existido practicantes de Dzogchen en todas las tradiciones religiosas del Tíbet, tales como el quinto Dalai Lama de la escuela Gelugpa, el tercer Karmapa Ranjung Dorje de la escuela Kagyupa y Drakpa Gyaltsen de la escuela Sakyapa, los linajes más importantes de las enseñanzas Dzogchen se encuentran en el Bön, la religión originaria del Tíbet, y en la escuela budista tibetana Nyingmapa (la más antigua). Estas dos tradiciones clasifican sus enseñanzas en "Nueve Vehículos" o vías de práctica que llevan a la iluminación o realización y, en ambas clasificaciones, Dzogchen es el noveno camino y el más elevado.

Hoy en día, los maestros de todas las sectas tibetanas han comenzado a enseñar Dzogchen, y éste parece haberse convertido en una especie de moda en Occidente.

DZOGCHEN

Dzogchen (*rdzogs chen*) significa literalmente "perfección", "logro" o "realización" (*dzog, rdzogs*) "completa" o "grande" (*chen, chen*). Aunque Dzogchen es la "gran esfera única", por conveniencia se describe como si tuviese tres aspectos: la base, el camino y el fruto. "Base", porque el fundamento de Dzogchen es el estado primordial del individuo; "camino", porque Dzogchen es el camino supremo y directo de realización; "fruto", porque Dzogchen es la consumación de la iluminación, de la liberación, en una sola vida, del ciclo de transmigración samsárica ilusoria.

A fin de entender mejor el Dzogchen, veamos más extensamente la división en base, camino y fruto.

Según las enseñanzas Dzogchen, la esencia (*ngowo, ngo bo*) de la base del todo (*kunzhi, kun zhi*) está vacía (*tonpa nyi, ston pa nyid*) y es primordialmente pura (*kadag, ka dag*); la naturaleza (*rang zhin, rang bzhin*) de la base es claridad (*salwa, gsal ba*) espontáneamente perfeccionada (*lhum drub, lhun sgrub*); la unión inseparable (*ierme, dbyer med*) de la esencia primordialmente pura y de la naturaleza que espontáneamente se perfecciona es el flujo de energía sin obstrucciones (*magagpa, ma' gag pa*) o compasión (*thugye, thug rje*). En la mente individual, esta base es el estado natural (*zhi, gzhi*), que es el origen de *samsara*, para la mente ilusoria (*ma rigpa, ma rigpa*) y de nirvana, para la mente en la cual se despierta el conocimiento (*rigpa, rigpa*).

A la esencia de la base *kunzhi* se le llama la madre (*ma*); a la conciencia despierta (*rigpa*) se le llama el hijo (*bu*); y la inseparabilidad (*ierme, dbyer med*) de la madre y el hijo es el flujo de energía (*tsal, rtsal*).

El camino (*lam*) consiste en comprender la perspectiva (*tawa, lta ba*) del Dzogchen: lo cual significa conocer la verdadera condición de la base del individuo y producir el flujo de *rigpa*, cultivado a través de la meditación, y continuarlo ininterrumpidamente en el período de postmeditación, para poder integrarlo en nuestro comportamiento o actitud en las actividades de nuestra vida diaria.

El fruto es la realización de los tres kayas esenciales en esta misma vida; culmina en la obtención del cuerpo de arco iris o cuerpo de luz al final de la vida, mediante el cual, en el momento de la muerte, el cuerpo material no deja restos mortales sino que se disuelve en su naturaleza, que es luz.

DZOGCHEN EN EL CONTEXTO DE LA PRÁCTICA ESPIRITUAL BÖN

Dzogchen es la tradición espiritual más elevada en Bön. En el pasado, los practicantes que conocían y practicaban Dzogchen eran escasos, incluso dentro de las tradiciones Bön y Nyingma. Una de las razones es que no era fácil recibir estas enseñanzas: se guardaban en secreto, pocos maestros las daban, y a pocos estudiantes. Incluso en la actualidad, los adeptos laicos bön en el Tíbet generalmente dedican mucho tiempo a realizar las nueve prácticas preliminares (*ngondro, sngon gro*) y el *phowa*, mientras que los monjes, que permanecen en los monasterios, se ocupan principalmente de estudios filosóficos e intelectuales, debates y recitación de textos rituales y litúrgicos.

Muchos maestros insistían (y actualmente muchos continúan insistiendo) en que los practicantes completasen las prácticas *ngondro* antes de comenzar a darles las enseñanzas Dzogchen. Estas prácticas preliminares se describen en el *Nyam gyu gyalwa chatri* (*Nyams gryud rgyal ba'i phyag khrid*). Cada una de estas nueve prácticas debe realizarse cien mil veces. Las prácticas son:

1. La generación de compasión por todos los seres sintientes.

2. Tomar refugio.
3. Ofrecer el *mandala*.
4. Meditar en la impermanencia.
5. Confesar las transgresiones.
6. Hacer postraciones.
7. *Guru yoga*, fundir la propia mente con la mente iluminada del guru visualizado frente a uno.
8. Hacer oración.
9. Recibir bendiciones.

Sin embargo, cuando yo recibí las enseñanzas *Zhang Zhung Nyan Gyud*, Löpon Sangye Tenzin sostenía que, si bien en la antigüedad había sido conveniente mantener las enseñanzas Dzogchen en secreto, en nuestra conflictiva época actual era mejor darlas de manera más abierta y libre (pero sin disminuir de esta manera su valor), pues existe el peligro de que desaparezcan.

DZOGCHEN EN BÖN Y EN NYINGMAPA

Hemos visto que el Dzogchen existe tanto en el Bön como en el budismo Nyingmapa, y que estas tradiciones espirituales también tienen en común una división en nueve partes de sus Vehículos o modos de observancia religiosa. Sin embargo, existen importantes diferencias entre las respectivas divisiones en nueve Vehículos de los bonpos y los nyingmapas. Vale la pena hacer notar que hay seis, y no nueve niveles de práctica en las otras escuelas budistas tibetanas: Kagyupa, Sakyapa y Gelugpa. Éstas se adhirieron a la nueva tradición (*sar ma, gsar ma*) de la última traducción de los preceptos budistas, que tuvo lugar durante la segunda difusión del budismo en el Tíbet, en los siglos noveno y décimo. Los nueve Vehículos del budismo comprenden solamente material budista tradicional y, estrictamente hablando (como lo señaló el profesor Snellgrove), los dos senderos inferiores, que pertenecen al budismo Hinayana, son prácticamente irrelevantes para las prácticas religiosas del budismo tibetano que se originan en el budismo Mahayana. Así que, al igual que las prácticas de origen budista, los nueve Vehículos del Bön comprenden el ámbito completo de las costumbres tibetanas nativas y las creencias y prácticas religiosas: abarcan la ciencia médica, la astrología y la cosmología, sortilegios y predicciones, apaciguamiento y exorcismo de espíritus malignos poderosos y fantasmas, ritos de prosperidad y ritos tántricos de destrucción de los enemigos, rescate y guía de los muertos, disciplina moral para laicos y para practicantes monásticos, prácticas tántricas y ritos, hagiografías, y el más elevado sendero espiritual del Dzogchen. Al respecto, puede decirse que el Bön es la verdadera religión del Tíbet, que abarca las observancias religiosas autóctonas y las adoptadas.

También existen muchas características en común entre el Bön y el budismo Nyingmapa. Como se hizo notar, ambas sostienen y propagan en forma oficial la transmisión de las enseñanzas Dzogchen, que se encuentran sólo de manera esporádica en algunos practicantes talentosos de otras tradiciones tibetanas, las cuales no tienen linajes específicos de maestros de Dzogchen. Ambas veneran a Kuntuzangpo como el Adibuda supremo y primordial, mientras que las otras escuelas de budismo tibetano veneran a Vajradhara como Adibuda; ambas tienen una tradición *terma* de tesoros espirituales escondidos, redescubiertos por los *terton* (personajes que según las profecías han de revelar el *terma* en tiempos propicios). De hecho, muchos *terton* pertenecen a ambas tradiciones.

Inclusive, los nyingmapas son los únicos budistas tibetanos que abiertamente reconocen como budistas aquellas enseñanzas que no provenían de la India y que fueron diseminadas
durante la primera introducción del budismo en el Tíbet, bajo el reinado de Songtsen Gampo y después, en el siglo octavo, por el carismático maestro Padmasambhava y sus adeptos.
Estas enseñanzas incluyen corrientes de enseñanzas budistas
que vinieron de China y del Asia Central, así como de la India. En la segunda difusión del budismo en el Tíbet, en los siglos diez y once, todas las enseñanzas budistas cuya procedencia de la India no estaba comprobada quedaron excluidas del
canon budista que era considerado oficial por las otras tres escuelas, posteriores, de budismo tibetano. Los bonpos sostienen
que, como el Buda Sakyamuni fue discípulo de Tonpa Shenrab Miwoche, todas las enseñanzas budistas originadas en la
India, o en cualquier otro lugar, son de hecho enseñanzas del
eterno Bön.

TRES CORRIENTES DE DZOGCHEN EN BÖN

En Bön, tradicionalmente se ha dividido el Dzogchen en tres
corrientes, conocidas colectivamente como *A-dzog-nyan-gyud*,
es decir, *Ati* (*A-khrid*), Dzogchen y *Zhang Zhung Nyan Gyud*.
Las dos primeras son tradiciones de *terma* basadas en textos redescubiertos, mientras que la tercera es una tradición oral basada en la transmisión continua de un linaje de maestros ininterrumpido.

El sistema *Ati* fue fundado en el siglo XI d. C. por Dampa
(hombre santo) Meu Gongjad Ritro Chenpo (1038-1096 d.
C.), que extractó las enseñanzas originales del ciclo de enseñanzas *Tro gyu* (*Khro rgyud*) por Tonpa Shenrab.[1]

Ati significa literalmente "Instrucciones de la A". La A representa el estado primordial no condicionado, el estado natural de la mente; es blanca porque representa la pureza innata de la mente. El practicante que se adentra en la práctica *zhiné*, que comienza por fijar la atención, usando la letra tibetana A para enfocar la concentración, a fin de desarrollar la comprensión introspectiva y experimentar el estado natural de la mente. Lo anterior corresponde a las series *semde* de las enseñanzas Dzogchen de la tradición budista nyingmapa, relacionadas con la mente.

El nombre "*rDzogs chen*" dado a la segunda corriente no se refiere al Dzogchen en su significado general, sino que señala un tipo particular de enseñanzas Dzogchen con su propio linaje específico.[2] Este sistema corresponde a las series *longde* en el Dzoghen nyingmapa, relacionadas con la claridad y el espacio.

La tercera corriente comprende las enseñanzas Dzogchen del *Zhang Zhung Nyan Gyud*, la *Transmisión oral de Zhang Zhung*, la tradición Dzogchen más antigua e importante y a su vez el sistema de meditación bön. Estas series de enseñanzas las sistematizó el maestro de Zhang Zhung, Gyerpung Nangzher Lodpo, quien las recibió de su maestro Tapihritsa en el siglo VIII d. C. Sin embargo, como veremos después, estas enseñanzas no fueron compuestas por su fundador humano: no se elaboraron mediante el pensamiento, sino que se originaron a sí mismas. A través de los siglos han tenido una transmisión continua por medio de un "prolongado linaje" y nunca se las ocultó para que fueran redescubiertas como *terma*, ya que éstas tienen una transmisión "corta" o directa desde el tiempo de su revelación. Esta corriente de enseñanzas corresponde a las series

Upadesha en el Dzoghen nyingmapa, las series de "la instrucción secreta".

Si bien las tres corrientes de Dzogchen tienen sus propias prácticas preliminares y sus propios linajes de maestros para su transmisión, la esencia y el propósito de las tres son los mismos: introducir al estado natural de Dzogchen. Algunos linajes de maestros tienen las tres transmisiones. En el Tíbet esta transmisión de maestro a discípulo, el cual a su vez se vuelve el maestro transmisor de las enseñanzas a su propio discípulo, se conoce como "caliente", porque se la protege mediante la transmisión personal o la experiencia directa; de este modo permanece viva sin convertirse en algo frío y meramente intelectual, derivado de libros y del pensamiento conceptual.

TAPIHRITSA

En la tradición Bön, hacemos la práctica del *guruyoga*: fundimos nuestra mente con la mente natural del guru, que se visualiza como la deidad Shenlha Okar o como la figura de Tapihritsa, que representan la unión de todos los maestros de los linajes bön. A Tapihritsa se le representa en el estado de Dharmakaya, como Kuntuzangpo, desnudo y sin ornamentos.

Según el relato tradicional, en el *Zhang Zhung Nyan Gyud*, Tapihritsa nació en el siglo VIII d. C. Su padre fue Rasang Lugyal, y su madre, Sherig Sal. Recibió enseñanzas de su padre a través de la mente telepática y de transmisiones orales, así como del gran maestro Ponchen Rasang; pero en especial fue discípulo de Tsepung Dawa Gyaltsen, siddha y vigésimo cuarto maestro del linaje de la transmisión oral del *Zhang Zhung*. Practicó austeridades por nueve años en la montaña rocosa Tagtab Sengei Drag; durante este tiempo nunca rompió el silencio con el habla humana y obtuvo los logros ordinarios y los supremos. Al finalizar su vida obtuvo el cuerpo de arco iris, entrando en el estado de total purificación sin dejar restos físicos. Para sí mismo realizó el estado de *bonku*, y para los demás, el estado de *tulku*, manifestándose en forma visible para volver a despertar a aquellos que tienen la bendición de verlo. Su manifestación física no estaba limitada, y tenía la capacidad de adoptar diferentes formas. Después de obtener el cuerpo de arco iris, Tapihritsa reencarnó como un niño para enseñar a sus dos discípulos, Gyerpung Nangzher Lodpo y Mo Yungdrung.

Gyerpung Nangzher Lodpo pertenecía a la ilustre familia Gurib, un clan que se ufanaba de haber tenido previamente varios portadores del linaje. Su padre fue Gurid Bumed, y su madre, Mangorza Drolma. Recibió instrucciones y enseñanzas del maestro Tsepung Dawa Gyaltsen y de muchos académicos. Fue un gran erudito, plenamente versado en todas las doctrinas de los Nueve Vehículos. Practicó austeridades y guardó todos los votos. Obtuvo mucho poder a través de la práctica del Yidam Meri y fue sacerdote real del rey Ligmincha de Zhang Zhung. Después del asesinato del rey Ligmincha por el rey Trisong Detsen del Tíbet, arrojó bombas mágicas a este último y salvó las enseñanzas Bön, obligando al rey tibetano a no destruir los textos bön; así, no hubo necesidad de ocultar los textos del Zhang Zhung Nyan Gyud, que él había compilado, para que fueran redescubiertos como terma.

Nangzher Lodpo se había vuelto muy soberbio a causa de su gran poder y fama; a fin de vencer su soberbia, Tapihritsa se le apareció en la forma de un niño y lo liberó de todas sus cadenas de apego al ego, con lo que pudo contemplar su mente en el estado de equilibrio, y por ende obtuvo la suprema realización perfecta, volviéndose un Buda omnisciente.

El niño Tapihritsa fue con Mo Yungdrung, que era muy rico, y le dijo que estaba mendigando porque no podía encontrar ningún trabajo; el rico practicante le ofreció quedarse con su familia como sirviente al cuidado de los animales. El muchacho era muy inteligente y sagaz en su trabajo, y le dieron el nombre de Nyeleg. En ese tiempo Nangzher Lodpo estaba en un retiro en una cueva cercana, bajo la tutela de Mo Yungdrung. Un día Nyeleg regresaba con su bolsa, después de llevar a pastar a los animales en las montañas, cuando vio salir a Nangzher Lodpo de su caverna. Nyeleg se postró y ofreció nueve veces sus respetos en la forma tradicional. El maestro notó que el muchacho conocía la doctrina y le preguntó: "¿Quién es tu maestro? ¿Qué meditación practicas? ¿Qué llevas en tu bolsa? ¿Por qué te comportas así? ¿Adónde vas?"

Nyeleg contestó: "La perspectiva es mi maestro. Practico el estado no conceptual. Medito en todo lo que veo en las tres dimensiones (de la existencia). Llevo pensamientos en mi bolsa. Mi comportamiento es trabajar como el sirviente de los seres sintientes. No voy a ningún lado." El maestro se decepcionó. Se sentía orgulloso de ser un maestro importante y sintió que las respuestas del niño eran irrespetuosas. Prosiguió, escéptico: "Si la perspectiva es tu maestro, eso quiere decir que no tienes maestro. Si el estado no conceptual es tu práctica, eso quiere decir que no necesitas alimento ni ropas. Si tu meditación son las visiones de las tres dimensiones, eso quiere decir que no necesitas meditar: que sin meditar obtendrás la realización completa. Si llevas pensamientos en tu bolsa, eso quiere decir que no tienes deseos." El muchacho dijo: "Si no entiendes la perspectiva como maestro, ¿quién enseñó entonces al Buda primordial?" Quería decir que para entender la verdadera condición no hay necesidad de un maestro: el maestro explica y confirma la propia experiencia de la propia sabiduría innata del practicante, algo que éste ya sabe; no hay nada nuevo que pueda explicarle. "Mi práctica es el estado no conceptual porque en esta base no hay pensamientos: las perspectivas conceptuales no son prácticas de meditación. Mi meditación son las visiones de los tres mundos: en la verdadera naturaleza no hay preferencias. Si las hubiera, no sería meditación. Si llevo pensamientos en mi bolsa, eso quiere decir que mis deseos han terminado, así que no hay pensamientos. Si tú no tienes conceptos, comprendes el significado. Si mi práctica es ser el sirviente de todos los seres, eso significa que todas las experiencias de gozo y sufrimiento tienen igual sabor, y experimentar la no separación del bien y el mal es mi práctica." Nangzher Lodpo se enojó y dijo: "Si eres tan inteligente, mañana sostendremos un debate frente al rey." El chico rió a carcajadas y dijo: "Causa y efecto son comprensión ignorante. Los grandes meditadores que guardan los pensamientos aprisionados y controlados están soñolientos y se duermen cuando meditan. El lenguaje y la lógica filosófica son armas y trampas oscuras. El debate comprende solamente conceptos verbales; y la práctica tántrica es transformar la mente y no dejarla en su naturaleza. Los eruditos muy instruidos tienen una comprensión sin significado, su perspectiva y su meditación son como burbujas, puras palabras sin aplicación en la práctica. Todo eso no es una práctica real; el estado fundamental no está condicionado. No hay práctica qué hacer, no hay oscurecimientos; y una vez que tienes comprensión verdadera, no hay nada que tenga que ser forzado o cambiado."

Hay tres formas de explicarles las cosas a las personas: puedes señalarles sus errores, que no es la mejor manera; puedes permanecer callado, pues si la gente hace muchas preguntas y tú no respondes, puede ser que de esta manera entiendan algo; o bien, puedes actuar de la misma manera como ellos lo hacen. Esto último era lo que Nyeleg estaba haciendo: reaccionaba a las preguntas y respuestas que recibía. Estaba criticando a Nangzher Lodpo, quien se enojó por eso y dijo: "Mañana debatiremos frente al rey. Si tú ganas, te convertirás en mi maestro; si no, yo te castigaré." Entonces, súbitamente Nangzher Lodpo reconoció al niño como una emanación y cayó inconsciente. Cuando volvió en sí, confesó sus actos negativos a Tapihritsa. Mientras tanto, todos los animales andaban sueltos, y los lobos se los comían; Mo Yungdrung vino y regañó al niño, pero Nangzher Lodpo le dijo: "No debes enojarte, porque él es un gran maestro y es muy importante para nosotros." Ambos se apenaron, se disculparon por la forma como habían hablado al muchacho y se desmayaron. Cuando recobraron el conocimiento, Tapihritsa se había remontado al cielo y estaba sentado en el espacio, riéndose, rodeado de círculos de arco iris. Los dos discípulos se sentaron, y Tapihritsa comenzó a impartir su última enseñanza. Aunque Nangzher Lodpo era muy instruido, su gran soberbia le bloqueaba el entendimiento verdadero, y esta enseñanza corta pero esencial le ayudó a liberarse.

INVOCACIÓN DE NANGZHER LODPO A TAPIHRITSA

Nangzher Lodpo salmodió la siguiente invocación a Tapihritsa:

> ¡E ma ho!
> ¡Qué maravilloso!
> Tú eres la emanación del corazón de Kuntu Zangpo,
> tu cuerpo aparece como un cristal blanco y luminoso,
> limpio y sin impurezas,

irradiando luz en las diez direcciones.
Estás desnudo, sin ornamentos,
   significando la esencia más interna, el estado
   primordial.
Dotado con la doble sabiduría del vacío y los medios
   hábiles,
   con compasión contemplas el beneficio de los seres.
Encarnas el Dzogchen, la Gran Perfección, suprema entre
   las enseñanzas,
   la esencia de la conciencia despierta de los
   realizados,
   la cima del camino de la realización,
   el corazón de los tantras, de las escrituras esenciales
   y de las instrucciones secretas.
Señalas el estado natural,
   la base autoclarificada de engaño, que es samsara,
   y de la liberación, que es nirvana,
   así como de los defectos y las virtudes de los sonidos,
   las luces y los rayos.
Habiendo disuelto por completo la oscuridad de las
   mentes de los seres,
   tú nos permites experimentar la base como vacía y sin
   raíz y,
   simultáneamente, realizar todos los estadios del camino.
Las experiencias y la realización se vuelven manifiestas,
   y el samsara y el nirvana se liberan en la propia mente
   natural.
En esta vastedad, se manifiestan las tres dimensiones,
   que son el fruto.
Con devoción singular te rezo a ti, Tapihritsa, protector
   de los seres,

concédeme las bendiciones de otorgarme la
investidura a mí y a otros seres.
Que los obstáculos externos, internos y secretos sean
pacificados.
Y que el error de aferrarse a uno mismo, que es la
ignorancia, sea liberado.
Habiendo reconocido la propia conciencia despierta, que
la visión y la conducta sean plenamente realizadas.
Por favor otórgame, en este preciso momento, el gran
significado, más allá del intelecto,
de la base primordial, vacía y sin raíz.
A ti, Tapihritsa, noble protector de los seres, te ruego:
¡Que los seres de los seis reinos sean protegidos por tu
compasión
y que mi mente sea liberada!

INSTRUCCIONES FINALES DE TAPIHRITSA

Tapihritsa otorgó primero la instrucción de las "Cuatro bon-
dades":

1. Perspectiva: por su cualidad omnipenetrante, permite
   que la conciencia despierta no condicionada que existe por sí misma vaya a la visión clara por naturaleza a
   la que la mente no se apega. Esta vía es buena.
2. Meditación: permite que la experiencia sin base perci-
   ba incondicionalmente la meditación no referencial y
   clara en sí misma. Esta vía es buena.
3. Comportamiento: sin una elección dualista, permite
   que las visiones obtenidas por experiencia realicen acciones flexibles de manera directa y sin apego; esta vía
   es buena.

4. Fruto: permite que los límites de la esperanza y el miedo se liberen a sí mismos en la realización que no se obtiene sino que surge por sí misma. Esta vía es buena.

Después de dar estas enseñanzas, Tapihritsa permaneció en silencio por un momento, y luego continuó con la enseñanza de las "Cuatro aplicaciones de la práctica":

1. No puedes practicar la naturaleza de los fenómenos; aplica el estado de no práctica de la naturaleza de los fenómenos

2. No puedes entender *Dharmakaya* mediante la mente (lógica) de causa y efecto; aplica la mente que está más allá de la causa y las causas secundarias.

3. No puedes encontrar el conocimiento esencial; aplica aquello que no puedes encontrar.

4. No puedes cambiar intentándolo; aplica el estado inmutable.

Entonces, después de sentarse en contemplación silenciosa, Tapihritsa enseñó las "Cinco aplicaciones de la práctica":

1. Debido a que la condición natural no tiene preferencias, existe un surgimiento no condicionado; aplica la práctica no condicionada y sin preferencias.

2. Debido a que no hay deseo ni apego a los objetos, hay liberación por sí sola sin liberarse de los objetos; aplica la práctica que está más allá de la esclavitud y la liberación.

3. Debido a que la mente no tiene nacimiento ni muerte, se permanece en la naturaleza no originada; aplica la práctica que está más allá de llenar y vaciar.

4. Debido a que no hay palabras y expresiones, hay permanencia y el espacio del silencio; aplica la práctica que está más allá del desarrollo y la decadencia.

5. Desde el principio, no hay separación de la condición natural y no hay relación con la visión externa; aplica la práctica que está más allá de esa separación y esa relación.

Tapihritsa dijo: "Obsérvate. ¿Tienes o no ese conocimiento en ti mismo? Permaneció silencioso en contemplación. Entonces, después de un tiempo habló de nuevo y enseñó las Cuatro Instrucciones de la Naturaleza:

1. Aplica la contemplación sin límite de tiempo; permanece en la naturaleza que está más allá del tiempo.

2. Aplica la contemplación libre de distracción; permanece sin distracción en la naturaleza del espacio de gran gozo.

3. Aplica la contemplación sin interrupción; permanece en la condición natural nacida de sí misma que existe sin interrupción.

4. Aplica el estado más allá del nacimiento y la muerte en la naturaleza esencial; permanece en la naturaleza única no originada.

Tapihritsa permaneció en contemplación silenciosa por algún tiempo y habló nuevamente: "Obsérvate para ver si tú tienes este conocimiento." Entonces, después de un rato, enseñó las "Tres Certezas":

1. Mediante la comprensión de la ausencia de existencia independiente, realizas la certeza del entendimiento único.

2. Mediante la comprensión de la no dualidad, realizas la certeza del sabor único.

3. Mediante la comprensión de la ausencia de dirección, realizas la certeza de lo ilimitado.

Añadió: "Si tú logras estas tres certezas, eres un yogui."

Con el fin de dar estas importantes enseñanzas a su discípulo Nangzher Lodpo, Tapihritsa había renacido como un niño. Prosiguió: "Estas enseñanzas asustarán a la gente que tiene perspectivas limitadas. La mente racional ordinaria no puede entenderlas. Esconde estas enseñanzas en el lugar secreto de tu mente". Concluyó: "Si siempre me recuerdas, me encontrarás; si me olvidas, nunca me encontrarás".

Nangzher Lodpo y Mo Yungdrung se pusieron a escribir estas enseñanzas, las últimas que impartió Tapihritsa; se volvieron famosos y respetados en la tradición Bön porque fueron los primeros en dejar un registro escrito de las enseñanzas. Éste es el origen de los textos de las enseñanzas *Zhang Zhung Nyan Gyud* que se han transmitido hasta la actualidad.

NOTAS

1. Junto con el *Zhiwa dongyikor* (*Zhi ba don gyi skor*), éstos forman el ciclo de enseñanzas *Chi pung ienlagyikor* (*sPyi spungs yan lag gi skor*). Meu Gongjad añadió su propio *gongter* (*dgongs gter*, tesoros espirituales de la mente) y compuso un ciclo de ochenta períodos de meditación de una o dos semanas, llamados *Atri thun tsamgye chupa* (*Akhrid thun mtschams brgyad cu pa*), en tres secciones, que comprenden instrucciones en la perspectiva o *tawa* (*lta ba*), meditación o *gompa* (*sgom pa*) y comportamiento o *chopa* (*spyod pa*): al completar el curso, se consideraba que el adepto que había alcanzado realizaciones era un "*togden*" (*rTogs ldan*). En el siglo decimotercero el maestro Aza Lodro Gyaltsen (1198-1263) redujo el sistema a treinta períodos, y subsecuentemente, el "Ermitaño Venerable", Druchen Gyalwa Yungdrung (1242-1296) lo redujo aun más, a quince sesiones, y desde esa época se conoce el sistema como Las Quince Sesiones *A-ti* (*A-khrid*) de *Dru* (*Bru'i khrid thun mtshams bco lnga pa*). En el siglo veinte, el maestro de Bön Shardza Rínpoche (1859-1934; este maestro obtuvo el cuerpo de luz) escribió un comentario sobre el Ati y el retiro en la oscuridad (*mun tshams*) y contribuyó a su desarrollo ulterior.

2. Fue fundado en 1088 d. C por el *terton* Zhoton Ngodrup Dragpa (*gZhod ston dNgos grub grags pa*) cuando redescubrió un grupo de *termas* llamado Gran Expansión del Cenit de la Gran Perfección (*bLa med rDzogs chen yang rtse klong chen*), escondido en el siglo octavo por el maestro bonpo Nyachen Lishu Tagring (*sNya chen Li shu stag rings*), detrás de una estatua de Vairochana en el templo Khomting (*Khom thing*) en Lodrag (*Lho drag*).

CAPÍTULO 5

CÓMO Y POR QUÉ PRACTICAR

*La meta principal y el resultado final de la práctica
es la realización.
El resultado secundario de la práctica
es la eliminación de todos los obstáculos de nuestras mentes
para llevar vidas mejores, más serenas y apacibles,
para así tener la oportunidad de practicar.*

Creo que deberíamos estar felices de haber entrado en contacto con las enseñanzas espirituales y de poder recibir las enseñanzas y explicaciones en una forma tan directa. Es bueno que apreciemos su valor y que tengamos la oportunidad y la voluntad de practicarlas. Pero reconocer meramente el valor positivo de las enseñanzas no es suficiente: también es necesario tener la intención de practicarlas y, luego, ejecutar esa intención. Una vez que comenzamos a seguir y practicar las enseñanzas, deben convertirse en el mayor interés de nuestra vida, en lo más importante que tenemos.

LA DECISIÓN DE SEGUIR UN CAMINO ESPIRITUAL

Antes de decidirnos a seguir un camino de instrucción espiritual, sea cual sea la cultura o credo del que provengamos, es necesario investigar nuestra motivación para hacer esto. La principal razón de nuestro interés en seguir una enseñanza no es que no tengamos otra cosa que hacer o que necesitemos mantenernos ocupados, sino más bien, que queremos en nuestras vidas algo diferente de lo que vemos a nuestro alrededor. Cuando descubrimos cómo vive la gente "normal" (que no encuentra nada importante en su existencia), y cuando vemos cómo las actividades con las que acostumbramos llenar nuestras vidas no resuelven el problema del sufrimiento generado por nuestra existencia en el ciclo de samsara, nos damos cuenta de que debemos hacer algo diferente de nuestra vida ordinaria. La mayoría de la gente no trata de entender estas cosas, y lo que está más allá de su entendimiento no existe para ellos. Lo que tratamos de descubrir como practicantes espirituales, lo que tratamos de hacer, no tiene interés para ellos. No creen en nada que no puedan ver a simple vista. Debemos evitar la ceguera de tal extremo; pero nuestra búsqueda espiritual tampoco debe volverse una especie de fantasía espiritual, una forma de evadirse de la realidad cotidiana.

A fin de practicar, es importante entender primero la muerte y el renacimiento, y que nos acercamos a la enseñanza al darnos cuenta del ciclo de sufrimiento. Mediante la investigación podemos comprender que nuestra existencia humana, nuestro preciado nacimiento humano, nos brinda una gran oportunidad, pues a través de nuestro contacto con las enseñanzas podemos aprender a usar nuestra inteligencia para examinar nuestros pensamientos, para observar cómo dan lugar a nuestros apegos y, entonces, poder descubrir cómo poner fin a nuestro apego y al consecuente ciclo del sufrimiento.

Ciertamente, las enseñanzas espirituales no se limitan a la dimensión humana; incluso los animales pueden practicar y lograr la realización. De hecho, hay relatos de maestros que han sido capaces de comunicarse con los animales y que les transmitieron sus enseñanzas. Por ejemplo, hay un relato sobre un maestro de principios del siglo veinte que se comunicaba con yetis, cabras y palomas. Un día una paloma llegó al pabellón donde él estaba enseñando. El maestro interrumpió la enseñanza y salió, se sentó frente a la paloma y se comunicó con ésta sin palabras. El pájaro estaba muy débil y no podía sentarse correctamente; el maestro puso algo de arroz en un recipiente y colocó al pájaro en un rincón sobre el arroz, para que pudiera adoptar la postura de meditación. Momentos después de haber recibido las enseñanzas en la postura correcta de meditación, la paloma murió y alcanzó la liberación.

Ya se trate de un humano o de un animal, para poner fin al ciclo de *samsara* es necesario descubrir el origen del sufrimiento. Esto es la mente pensante que da lugar a las pasiones y al apego. La única forma de vencer los venenos de las cinco pasiones y sus manifestaciones es tener bajo control a la mente. Esto puede lograrse practicando las enseñanzas, que nos llevan a observarnos para comprender y, mediante la práctica, vencer nuestro apego mental. De esta manera las enseñanzas nos guían para conocer la naturaleza fundamental de la mente y a la vez integrar su verdadera condición con nuestra vida diaria.

Muchas personas que critican el Dzogchen preguntan por qué necesitamos practicar si, según el Dzogchen, el estado primordial ya es un estado iluminado. Si nuestra verdadera naturaleza es ya el estado búdico, ¿para qué necesitamos cultivar la iluminación? No podemos hacer a un lado estas críticas, puesto que, de acuerdo con el Dzogchen, el estado búdico es sin duda nuestro estado natural; no lo elaboramos sino que simplemente lo descubrimos a través de nuestra meditación. Pero si ingenuamente estuviéramos de acuerdo con nuestros críticos, esto significaría que no hay necesidad de practicar. Es importante pensar en estas cosas. La respuesta sería que, si bien el estado natural de la mente es primordialmente puro, hay dos formas de ser puro. Las contaminaciones u oscurecimientos no están en la naturaleza de la mente (*sems nyid*) sino en la mente cambiante (*sems*), de manera que es posible purificarlos. Esto es como el cuento tibetano de la mendiga anciana que dormía sobre una almohada de oro todas las noches: era rica, pero como no sabía lo que era el oro ni apreciaba su valor, pensaba que era pobre. De la misma manera, la pureza primordial de nuestra mente no nos sirve si no nos damos cuenta de ella y no la integramos con la mente cambiante. Si nos damos cuenta de nuestra pureza innata pero no nos integramos a ella de cuando en cuando, en realidad no estamos realizados. Estar en total integración todo el tiempo es la realización final. Pero mucha gente prefiere pensar y hablar acerca de la integración en vez de realizarla.

A menudo, los practicantes de Dzogchen dicen: "No puedes pensar en el Dzogchen y hablar de él porque es inefable." Pero no es así: aunque la experiencia del Dzogchen está más allá de los pensamientos y de las palabras, nosotros los practicantes no estamos exentos de dudas y preguntas, y necesitamos resolverlas. No podemos decir sencillamente: "Soy un practicante de Dzogchen, no quiero tener dudas." Decir esto no basta para deshacernos de ellas. Así pues, es importante pensar en estas cuestiones; de otra manera, continuaremos en el estado de duda y no lograremos el estado puro. Por ejemplo, si en Dzogchen decimos que nuestro estado natural se perfecciona espontáneamente, queremos decir que ya tenemos la cualidad de la realización en nosotros mismos y que no es algo que tengamos que conseguir en el exterior. Pero aunque es una cualidad innata, debemos desarrollarla. En una analogía tradicional se dice que la cualidad de la mantequilla ya existe en la leche; pero para tener mantequilla, necesitamos batir la leche.

LA ELECCIÓN DE UN CAMINO

Cuando decidimos seguir un camino espiritual, generalmente elegimos enseñanzas que consideramos serán benéficas para nosotros, pero a menudo hacemos la elección de una manera limitada, según cómo nos sintamos en ese momento o de acuerdo con el camino que nos parece estimulante intelectualmente; o bien, cuando decidimos practicar, tenemos una idea limitada, según las circunstancias, de lo que sentimos que es importante para nosotros. Cuando nuestros sentimientos, nuestras ideas o las circunstancias cambian, cambiamos nuestra práctica. Así, estamos cambiando de prácticas continuamente, y acabamos por fastidiarnos porque no pasa nada y nada parece dar resultado. Es importante, entonces, no buscar ni contemplar las enseñanzas de esta manera; en lugar de buscar las prácticas según las circunstancias, deberíamos tratar de percatarnos de cuáles serían los beneficios de las diferentes prácticas a largo plazo. Por ejemplo: los tibetanos hacen muchas prácticas para la abundancia y la longevidad; algunas veces puede ser muy importante hacer tales prácticas, pero no son las prácticas principales, y particularmente no en Dzogchen. Es más importante entender la meta fundamental y el significado de las enseñanzas, para luego aplicarlas.

Es necesario e importante escuchar correctamente las enseñanzas que recibimos, antes de poner en práctica las instrucciones de meditación. Uno de los mayores problemas de los principiantes es que reciben muchas enseñanzas diferentes, como si estuvieran depositando una gran cantidad de correspondencia en una gran bolsa de correo. Lo que sucede después es que la carta que quieren, es decir, la enseñanza específica que necesitan en un momento determinado puede estar en el fondo de la bolsa. Es importante, en cambio, saber exactamente dónde poner cada parte de las enseñanzas recibidas: esto significa saber qué etapa de la práctica hemos alcanzado, qué entendimiento tenemos y qué prácticas aplicar. No podemos y no debemos comenzar tratando de practicarlo todo de manera indiscriminada. Y es importante relacionar lo que oímos con nuestra propia experiencia personal: no hay nada, ni siquiera las explicaciones más profundas de los *Tres Kayas* (*Dharmakaya, Sambhogakaya, Nirmanakaya*), que no podamos relacionar con nosotros mismos. Debemos entender que los términos usados en las enseñanzas se refieren en su totalidad a nuestra propia práctica y se relacionan con nuestra propia experiencia.

Una vez que decidimos seguir a un maestro, es importante respetarlo. A menudo el maestro, antes de dar las enseñanzas a los discípulos, les pide que trabajen para él, cocinando, limpiando y haciendo otras cosas, como una forma de purificación. Entonces, cuando recibamos enseñanzas del maestro, deberemos practicarlas hasta lograr su objetivo.

SOBRE LA CONFUSIÓN EN RELACIÓN CON LA PRÁCTICA

Hemos visto que los practicantes cambian algunas veces de prácticas y de instructores. Si no consideramos como fundamento de nuestra práctica la experiencia directa y la comprensión de la base fundamental dentro de nosotros mismos, nuestra comprensión será algo construido por la mente cambiante, y lo que modificamos entonces es la forma de la práctica. Si tenemos una forma, podemos cambiarla de diferentes maneras; pero en términos del sentido real de la práctica, no hay nada que cambiar. Una vez que nos damos cuenta de esto, cualquier cambio que hagamos ya no tendrá una influencia negativa en nuestra vida o en las prácticas que hacemos. De otra manera, las prácticas que hagamos solamente se añadirán a la confusión de nuestras vidas.

Normalmente, por supuesto, hay confusión en nuestras vidas en términos de nuestro trabajo y nuestras relaciones con los demás. Por lo que se refiere a las enseñanzas, la confusión suele llevarnos a depender demasiado del maestro: no tratamos de ver las cosas por nosotros mismos, sino que ponemos toda la responsabilidad en otra persona. Incluso en relación con nuestra vida diaria preguntamos al instructor ¡qué debemos hacer y adónde debemos ir! Nos volvemos muy dependientes, y cuando nuestras vidas no funcionan como queremos, cambiamos de prácticas y de instructores. Este proceso se repite continuamente, y nunca sucede nada muy profundo, y al final podemos sentir que hemos perdido nuestro tiempo practicando. Hasta cierto punto esto es verdad, pues hemos intentado hacer algo positivo y al final no hemos conseguido nada; pero eso es porque nos hemos acercado a la práctica de un modo incorrecto, sin establecer primero el fundamento No debe ser así, ya que al emprender una práctica tratamos de traer algún beneficio y paz para nuestras mentes. La meta principal y el resultado último de la práctica es la realización. Los resultados secundarios de la práctica son la eliminación de los obstáculos de nuestras mentes para poder llevar vidas mejores y más calmadas y apacibles, y así poder tener la oportunidad de practicar. De otra manera, la realización final está muy lejos. A menos que sepamos cómo aplicar estas prácticas en nuestra vida diaria, serán de muy poca utilidad para nosotros. Por ello es importante que al introducirnos en las enseñanzas y volvernos practicantes, aprendamos a aplicar las prácticas de una manera sencilla, sin tener confusión alguna sobre cuál es la base fundamental del individuo. Debemos conocernos a nosotros mismos a través de la experiencia directa de nuestra propia mente y nuestro propio estado natural, en lugar de sólo saber de manera teórica lo que dicen las enseñanzas acerca de la base.

Según las enseñanzas Dzogchen, la base fundamental del individuo, entendida por comprensión directa lograda a través de la práctica, es la inseparabilidad de la claridad y el vacío en el estado primordial o condición natural. Se nos introduce a esta comprensión a través de nuestra experiencia en la práctica. Las enseñanzas y explicaciones del maestro nos la confirman, y tratamos de desarrollarla aun más a través de la práctica de meditación. En el camino Dzogchen tenemos la concentración enfocada, en las etapas tempranas del camino, y la contemplación sin conceptos y sin enfocar, en las últimas etapas. Las prácticas contemplativas finales específicas de Dzogchen son *trekchöd* y *thogal*; sin embargo, antes de embarcarnos en estas prácticas, es necesario haber establecido una base firme de meditación a través de la práctica de concentración.

El orden correcto en las prácticas

Las prácticas "preliminares" o *ngondro* por lo general se llevan a cabo como una preparación para recibir las enseñanzas. Sin embargo, es importante no considerarlas como meras prácticas formales que debemos repetir cien mil veces; de otra manera, no entenderemos el verdadero sentido del *ngondro* y no lograremos su propósito real. Es importante hacer el *ngondro* porque estas prácticas de confesión, purificación, generosidad, meditación en la muerte y la impermanencia, *guru yoga*, etc., también sirven para preparar al practicante. Corrigen el ser del practicante eliminando el poderoso ego formado por las cinco pasiones. Es necesario practicarlas, porque sólo entonces estamos preparados para recibir las enseñanzas en una forma pura, como un vaso limpio listo para recibir la "leche de leona", el líquido precioso de las enseñanzas. De otra manera, somos como un cáliz agrietado o sucio que puede tornar el preciado líquido en veneno.

Cuando empezamos a seguir una enseñanza, hay cualidades esenciales que debemos tener como practicantes. Es importante tener un buen maestro y recibir instrucciones claras, tener un gran respeto por el maestro y por las enseñanzas, desarrollar la capacidad de practicar y no ser como el viento, sino estables en nuestra práctica y en nosotros mismos.

Antes de adquirir confianza en nuestra práctica, necesitamos muchas cosas: la oportunidad de practicar, la postura correcta, un asiento cómodo y control de nosotros mismos al practicar. Asimismo, es muy importante al inicio no presionarnos demasiado, no tratar de sentarnos de inmediato en sesiones maratónicas, sino más bien hacer varias sesiones cortas de práctica, y a medida que nos acostumbramos a estar sentados y entregados a la meditación, podemos aumentar el tiempo de práctica. No debemos tampoco pensar de inmediato que necesitamos prácticas secretas y especiales, sino, por el contrario, conformarnos con la práctica asignada, que es la más conveniente para nuestro estado mental de practicantes principiantes. Debemos observar si lo que se nos ha enseñado es o no claro para nosotros. Si no lo es, debemos practicar para aclarar los aspectos fundamentales, pues si establecemos un buen fundamento, podremos consolidar la base y recibir más enseñanzas; de otra manera, no tiene sentido pretender obtener enseñanzas secretas adicionales. Si no podemos practicar las enseñanzas básicas, las más sencillas, ¿cómo esperamos ser capaces de practicar las enseñanzas más elevadas? De ese modo, alimentando nuestras expectativas, solamente lograremos retroceder. No deberíamos preguntarnos a nosotros mismos (o al maestro): "¿Cuándo me realizaré?" El punto principal que debemos tener en mente, en relación con la meditación, es evitar caer en fantasías espirituales y recordar que el propósito fundamental de la práctica es adquirir, mantener y desarrollar la continuidad de la presencia de la conciencia despierta.

AL COMENZAR A PRACTICAR DZOGCHEN

Cuando comenzamos a practicar a fin de dominar la mente normal, nuestra primera práctica consiste en ocupar nuestra mente. Por ejemplo, si tenemos algún tipo de problema, solemos ir al cine para distraernos del problema. De la misma manera, cuando comenzamos a practicar, tratamos de calmar nuestra mente generadora de problemas a fin de ser capaces de observar la naturaleza del pensamiento. La observación del surgimiento, la permanencia y la disolución del pensamiento en el estado vacío de la mente es una práctica esencial en Dzogchen, cuyo fin es descubrir que los pensamientos cambiantes tienen la misma naturaleza que el estado sin pensamiento de la mente. Como no estamos acostumbrados a la meditación, ésta nos parece muy difícil y cada leve sonido o movimiento, fuera o dentro de la misma mente, se vuelve una gran distracción que interfiere con nuestra capacidad de continuar practicando. A fin de superar este problema, y para que la mente no se distraiga con facilidad, la ocupamos en una práctica de enfocar la atención, con el fin de que los movimientos de la mente, causados por los pensamientos o las percepciones sensoriales, no tengan el poder de desviar nuestra concentración. Esta primera etapa, de sujeción de la mente, es una práctica de concentración, descrita con detalle en el sistema *Ati* del Bön. Comprende tres etapas.

CÓMO OCUPAR LA MENTE EN UNA PRÁCTICA DE CONCENTRACIÓN

La primera etapa de concentración comprende la fijación y requiere de algún esfuerzo, pues estamos comenzando a domar la mente y todavía no hemos alcanzado el estado de calma. Cuando ya hemos dominado la mente, llega el momento en que la práctica se vuelve natural en nosotros; ya no requerimos de un esfuerzo. Es como cuando aprendemos algo nuevo: al principio siempre es difícil, pero luego, con la práctica, se vuelve fácil. La tercera y última etapa es cuando obtenemos la experiencia correcta y alcanzamos la etapa de relajación, del "disolución de *zhiné*", en la cual somos capaces de permanecer en el estado de atención concentrada sin necesidad de hacer ningún esfuerzo para evitar distraernos. No obstante, es importante no confundir este estado relajado con la total relajación de la práctica de contemplación, en la que permanecemos sin esfuerzo en el estado no dual de la presencia. Una vez que hemos practicado el poner en calma nuestros pensamientos y hemos practicado la meditación de introspección para observar la mente, el maestro nos confirma nuestra experiencia de la mente natural lograda a través de la última práctica.

INTRODUCCIÓN AL DZOGCHEN

En Dzogchen, la introducción al estado natural de la mente es de gran importancia, porque es una introducción a la base fundamental dentro del individuo. Es en esta base fundamental (según la perspectiva de Dzogchen) donde debemos establecer nuestra práctica y desde donde debemos dirigirnos para tener un comportamiento correcto en la vida diaria.

Después de haber recibido esta introducción, es importante tener la experiencia por nosotros mismos; de otra manera, es posible que desarrollemos muchas fantasías a este respecto. Algunas personas piensan que la "introducción directa" significa sentarse con un maestro y tener algún tipo de sensación o experimentar una atmósfera especial. Confunden esto con la comprensión; pero este tipo de "introducción directa" no dura mucho. También es importante identificar a qué se refieren las explicaciones en términos de nuestra propia experiencia directa. De hecho, no hay nada dicho en las enseñanzas que no podamos encontrar en nosotros mismos, en nuestra propia experiencia. El problema que veo es que a menudo los practicantes no entran en la experiencia directa de la condición primordial verdadera sino que viven en un concepto; entonces no hay nada verdadero en qué basar su práctica y el modo de desarrollarla. Sin la experiencia directa, las enseñanzas se vuelven charla intelectual o una mera colección de cosas nuevas que aprender y no tendrán ningún sentido verdadero ni efectuarán cambio alguno en nuestras vidas. Sin el cimiento de *zhiné* es difícil entrar en la experiencia de vacío y claridad y de su inseparabilidad; entonces, continuamente buscamos nuevas cosas qué aprender sobre Dzogchen y nuevas prácticas que hacer. Pero una vez que tenemos la experiencia y estamos satisfechos con ella, necesitamos únicamente diferentes vías hábiles para desarrollarla. De hecho alcanzar esa experiencia y entenderla es la meta última. En realidad, lo único que hay que hacer es sentarse en calma; pero mucha gente no está satisfecha con eso.

SOBRE LOS ERRORES Y LOS OBSTÁCULOS

Cuando comenzamos a practicar, es importante distinguir los errores fundamentales de los que son menos significativos. Por ejemplo, si no sabemos cómo pronunciar un mantra correctamente o no estamos seguros de los detalles o los colores de una visualización, éstos no son errores fundamentales. El principio y la intención de nuestra práctica son más importantes que los detalles del sonido o la visión. Pero la comprensión equivocada del estado puro de la mente es un error fundamental. ¿Cómo es posible cometer ese gran error? Éste obedece a una comprensión incorrecta desde el mero inicio, o a que, si bien se empieza con una comprensión correcta, se intenta luego forzar la práctica, con el resultado de que se la desarrolla incorrectamente.

Es de importancia fundamental identificar sin equivocarse el estado puro de la mente. El estado puro de la mente es la esencia de los Sutras, de los Tantras, de Mahamudra y de Dzogchen. En este contexto es importante aprender a distinguir entre los estados de presencia puros e impuros. Cuando entendemos la diferencia entre los dos y aplicamos esta comprensión a nuestra práctica, surgen más fácilmente las visiones y las señales del progreso espiritual. Estas señales sirven para continuar practicando sin esfuerzo y para permanecer en el estado de contemplación una vez que lo hemos descubierto. Sin entender la presencia pura será muy difícil desarrollar rápidamente nuestra práctica. Por ejemplo, un practicante que durante once años había practicado sin lograr ningún progreso fue con su maestro, quien le explicó la forma correcta de distinguir entre la práctica realizada en el estado puro y la práctica realizada en el estado impuro. Después de esta elucidación, el practicante fue capaz de obtener la realización en dos años. También es necesario tener comprensión intelectual, aunque ésta no basta por sí sola. Tenemos que sentir y comprender todo perfectamente y luego ponerlo en práctica. La comprensión intelectual por sí sola puede ser más un obstáculo que una ayuda, a menos que vaya acompañada de la experiencia directa obtenida a través de la práctica. Una vez que hayamos entendido todos estos aspectos, seremos capaces de progresar rápidamente.

Para practicar son necesarios el esfuerzo y el compromiso. Ningún obstáculo que surja durante la práctica *zhiné*, como la pereza o la agitación mental, debe apartarnos de ella, y ningún tipo de actividad diaria debe distraernos. Debemos integrar el estado puro, la mente no dual, descubierta y desarrollada a través de la contemplación, a toda situación y a todo momento de nuestra vida diaria ordinaria.

CÓMO DESARROLLAR NUESTRA PRÁCTICA

En la "Introducción a la Esencia Profunda" del *Zhang Zhung Nyan Gyud* hay una explicación de los tres estados básicos en la práctica de *thogal* (ver capítulo 15) que el practicante debe emprender después de haber completado las prácticas preliminares. Estas etapas pueden aplicarse con provecho a la forma como debemos desarrollar nuestra práctica en general. La primera etapa consiste en sujetar la mente. Aquí "mente" significa la mente cotidiana. La segunda etapa consiste en permanecer en la comprensión de la esencia subyacente de la mente, que se alcanza una vez que hemos dominado a la mente cotidiana. La tercera etapa consiste en aclarar y desarrollar la conciencia despierta interior de la esencia de la mente permaneciendo en contemplación.

Sin embargo, antes de lograr la capacidad de permanecer en el estado de contemplación e integrarlo a nuestra vida total, debemos desarrollar la fuerza de nuestra meditación. Cuando comenzamos a meditar, es mejor alternar sesiones cortas de práctica formal con períodos de descanso y aumentar gradualmente la duración de las sesiones a medida que nos acostumbramos a relajarnos en el estado de calma de la mente.

Presentaremos ahora instrucciones precisas sobre ciertos aspectos secundarios, que pueden ser benéficas para el principiante cuando emprende por primera vez el camino de la meditación. Por lo que se refiere al lugar, debe ser un sitio tranquilo con energía positiva y sin obstáculos creados por los espíritus. Los lugares ideales son las islas, cavernas y montañas; en general, cualquier lugar donde el aire sea puro y no haya mucho ruido. Sin embargo, lo más importante es desarrollar la capacidad de practicar en nuestra vida diaria normal, en casa, y no vivir en una "cueva de fantasía" para meditar alejados de nuestra realidad cotidiana. Debemos tratar de no sentarnos cerca del fuego, o a pleno sol o en lugares donde hay mucho viento.

El mejor momento para practicar es cuando el aire está limpio, en el día o en la noche, de preferencia temprano en la mañana, como a las seis o siete, y en las primeras horas de la noche. No debemos practicar cerca de la medianoche, o a mediodía, cuando nos sentimos más cansados. Si practicamos antes de dormir y nos sentimos amodorrados o soñolientos, es mejor intentar estar más alertas, moviéndonos un poco e inhalando profundamente. Si no logramos despertarnos de esta manera, es mejor irnos a la cama; continuar sería infructuoso, pues de lo contrario ni practicamos ni dormimos adecuadamente. Es mejor no practicar con mucha gente: es preferible hacerlo solamente con uno o dos amigos espirituales que puedan ayudarnos y alentarnos a desarrollar nuestra práctica. No debemos hablar mucho ni caer en el chismorreo ocioso. Hay que comer moderadamente a fin de balancear los elementos y evitar el alcohol y comidas que embotan los sentidos y la mente, así como evitar trabajos agobiantes y movimientos bruscos como bailar o brincar.

Respecto a la mente, al principio es mejor no hacer planes ni conjeturas, es preferible relajar la mente desde el inicio. Sin embargo, no hay que ser como las personas a las que se refiere el proverbio tibetano que dice: "Cuando estamos felices, permanecemos en la felicidad: cantamos, reímos y nos divertimos; pero cuando tenemos problemas, recordamos las enseñanzas y al guru." Por el contrario, es mejor procurar practicar cuando la mente está clara y libre de problemas y cuando estamos en buena forma mental y física, ya que entonces podemos tener experiencias y signos de progreso. Es mejor comenzar a practicar desde jóvenes. A esa edad los canales son todavía flexibles, el prana todavía es fresco y limpio, y no hemos adquirido hábitos mentales endurecidos. Si empezamos jóvenes, seguramente obtendremos el conocimiento del estado primordial y sus formas de manifestación antes de que necesitemos esa comprensión en el momento de la muerte.

No obstante, aunque es mejor comenzar a practicar cuando estamos jóvenes, hay muchas historias en las enseñanzas

Dzogchen acerca de personas como Pang Mipam Gompo, que comenzaron a practicar a una edad avanzada pero que pudieron lograr la iluminación gracias a su dedicación.

OBSTÁCULOS PARA LA PRÁCTICA

Hay varios tipos de distracciones que pueden ser impedimentos para la práctica. Se clasifican como obstáculos externos, internos y secretos. Los obstáculos externos se refieren a personas tales como amigos o parientes, en la medida en que puedan provocar distracciones; a perturbaciones atmosféricas o espíritus negativos que puedan alterar nuestro equilibrio mental, y a distracciones causadas por nuestro apego a objetos y posesiones. Los obstáculos internos son las enfermedades y el sentir que no queremos hacer nada o que no sabemos qué hacer. Los obstáculos secretos son los que perturban nuestra práctica interior, tales como los problemas mentales que impiden que la práctica se desarrolle en la forma correcta. Se les llama "secretos", no porque sean misteriosos, sino porque pertenecen a nuestro ser más profundo y porque no hablamos de ellos. De la manera de tratar estos problemas se ocupa el capítulo llamado "Eliminar los obstáculos" del *Zhang Zhung Nyan Gyud*.

Los obstáculos se clasifican también en otras tres categorías principales: los obstáculos que surgen en la perspectiva, los que surgen en la meditación y los que surgen en el comportamiento. Por ejemplo, si hablamos demasiado acerca de la perspectiva, ésta puede volverse objeto de especulación filosófica y conceptualización intelectual. Esto nos puede impedir entrar en la experiencia directa. Repito: si nos formamos opiniones con base en un conocimiento inadecuado, no seremos capaces de lograr la comprensión directa, ya que nuestros conceptos inexactos podrán ocasionar que surjan dudas continuamente. El poder hablar sobre la práctica sin poder aplicarla en nuestra vida es el obstáculo interno de la perspectiva. El efecto de este obstáculo es posponer la práctica continuamente y nunca ir más allá del nivel del entendimiento conceptual.

Los obstáculos en la meditación se refieren a experiencias que puedan surgir y distraernos durante nuestra práctica meditativa, impidiéndonos permanecer en contemplación. Por ejemplo, podemos tener una sensación de gran alegría, pero si nos dejamos llevar por esta experiencia y no logramos integrarla con nuestra meditación, esta alegría puede convertirse en obstáculo, pues podemos apegarnos a ella. Ciertamente no hay nada de malo en relajarnos y gozar las sensaciones placenteras; pero no debemos olvidar que éste no es el propósito de la meditación. Otro obstáculo en la meditación es el sentarnos simplemente sin pensamientos. Éste es un estado de relajación, no de meditación. De hecho, tal estado es un tipo de ignorancia, y no debemos confundirlo con el estado de presencia, que es el estado de unión de vacío y claridad, es decir, relajación con conciencia despierta. Es importante entender qué quiere decir la palabra "presencia", en Dzogchen, en relación con la práctica de contemplación. Por otra parte, cuando durante la contemplación surgen pensamientos como "¡Ésta sí es la práctica real, ésta es la contemplación verdadera!", se trata meramente de otro concepto y de un tipo de obstáculo secreto para la meditación. De manera similar, después de tener un instante de comprensión directa del vacío en la presencia, durante la observación de los pensamientos, cuando de pronto surge el pensamiento, "¡Ah, esto es el vacío!", se trata igualmente de otro concepto y ya no del entendimiento verdadero a través de la presencia. ¡El pensamiento surge de nuevo! Debemos distinguir cuidadosamente entre la comprensión directa del vacío, sin conceptos, que es fundamental en Dzogchen, y el tipo de entendimiento conceptual del vacío logrado en los Sutras, en el que la presencia carece de claridad.

El tipo de elemento que predomina en el practicante es también importante en relación con los tipos de obstáculos que podemos encontrar, así como para determinar cuáles son los mejores remedios para superarlos. A quellas personas que tienen un predominio del elemento tierra o agua (en términos de tipo de personalidad, no de elementos astrológicos) les tomará más tiempo manifestar las señales; pero una vez obtenidas éstas, la práctica se desarrollará más rápido. Así como estos elementos son más estables, las señales indican mayor estabilidad en la práctica. Por otro lado, una persona más del tipo aire o fuego logrará más pronto las señales, pero las desarrollará más lentamente y con menor facilidad. Al principio la contemplación puede ser fácil para este tipo de personas, pero surgirán los problemas, y les será más difícil desarrollar la práctica. En general, los que tienen una preponderancia de estos elementos toman muchas enseñanzas, pero luego no las practican: sería mejor que practicaran con mayor estabilidad.

Es necesario vencer todos estos obstáculos porque, si tenemos pensamientos perturbadores, éstos nos pueden impedir llevar a cabo ciertas prácticas. Es importante tomar en cuenta todos los posibles obstáculos que puedan surgir y tomar medidas para eliminarlos. Por ejemplo, en caso de enfermedad trataremos de equilibrar los elementos internos tomando medicina o por otros medios. En el caso de los obstáculos secretos, es importante entrar y permanecer sin distracciones en el estado de la inseparabilidad del vacío y la claridad. Los obstáculos externos son los más fáciles de vencer; los obstáculos internos son un poco más difíciles, pero los más difíciles de todos son los obstáculos secretos. En cualquier caso, la manera esencial de manejar los problemas es entender que son creados por los pensamientos y que son una manifestación de nuestra condición interna. Es necesario regresar a su procedencia original. Una vez que descubrimos su origen a través de la experiencia directa, nos damos cuenta de que, en realidad, en el estado primordial no hay pensamientos y consecuentemente no hay problemas, que realmente no existen los problemas, que los problemas son la creación de nuestra mente cambiante y que ningún problema es más importante que el comprender la naturaleza no verdadera o ilusoria de los problemas.

Un obstáculo particularmente peligroso puede surgir cuando hemos recibido muchas enseñanzas en el transcurso de nuestra vida. El obstáculo se presenta si llegamos a considerar que las enseñanzas ya no son importantes. Las hemos escuchado tan seguido, que nos comenzamos a aburrir. La primera vez que las oímos suscitaron en nosotros gran fe y respeto, pero después de recibirlas varias veces sin llevarlas a la práctica, nos distanciamos gradualmente y acabamos por desecharlas. Podemos evitar este obstáculo si, cuando recibimos la enseñanza, la practicamos hasta realizarla. De esta manera nos estableceremos en el estado de meditación, y así ya no estaremos abrumados o distraídos por los pensamientos. Entonces las señales de progreso seguramente comenzarán a manifestarse. Estas señales son útiles como indicaciones de que estamos efectuando la práctica en la forma correcta. Sin embargo, es importante no tener expectativas o hacer conjeturas sobre estas señales, ya sea antes o durante su aparición, pues ellas mismas pueden volverse un obstáculo en lugar de un beneficio. Si las señales de progreso se vuelven objetos de apego, estos obstáculos "positivos" y "espirituales" son peores aun que los obstáculos "negativos" que encontramos al comenzar a practicar. Por otra parte, cuando no tenemos ninguna señal y sentimos que esto significa que no estamos progresando, no debemos preocuparnos y atorarnos a causa de esto: por el contrario, debemos perseverar sin forzar la práctica o tener expectativas.

LA META ÚLTIMA DE LA PRÁCTICA

Es importante que nuestra práctica nos proporcione una sensación de sentido o significado en nuestras vidas; de otra manera continuaremos realizando únicamente actividades sin significado y que nos distraen, tales como tratar de volvernos más ricos o más inteligentes que otros, o tratar de encontrar siempre nuevos amantes. La mayoría de nosotros hemos pasado tanto tiempo actuando de esta manera que ya deberíamos estar hartos; pero es difícil escapar de todo esto. Recibiendo las enseñanzas y practicándolas podemos hacer algo que le dé propósito a nuestras vidas. Si comprendemos y tenemos experiencia directa de nuestra verdadera condición, entonces al final de nuestra vida podremos evitar incluso enfrentar la muerte. La culminación del camino Dzogchen es obtener el "cuerpo de arco iris", con el cual el adepto trasciende sin dejar restos mortales. Pero incluso si experimentamos y tenemos síntomas de muerte física, la práctica efectuada durante nuestra vida nos habrá ayudado a prepararnos para este momento. Moriremos felices y confiados, porque ya tendremos alguna idea de lo que pasará durante el proceso de muerte y después de la muerte, es decir, en el estado intermedio del bardo, y estaremos listos para enfrentar estas experiencias.

Si pensamos que Dzogchen es útil psicológicamente para ayudarnos a entender y resolver problemas de esta vida, estamos en lo correcto; pero ésa no es su meta principal y no debemos quedarnos ahí. Toda la práctica realizada es útil, no sólo para esta vida, sino para un período más largo, es decir, nuestra próxima vida. La meta última de esta práctica es lograr la presencia continua en el estado primordial, que siempre es luminoso y que en sí mismo es la liberación.

ZHINÉ
PERMANECER EN LA TRANQUILIDAD
DE LA CALMA MENTAL

*Soy el gran origen de sí mismo que permanece
de manera natural, conocido desde el principio
como el origen de todas las cosas.
Tú, que me buscas con muchos esfuerzos y me anhelas,
te fatigas;
aun entre muchos no me encuentras.
Esta naturaleza mía es única entre todas las cosas,
no se compara con aquello que no soy ni con aquello
que trata de ser yo.*

LA PRÁCTICA DE CONCENTRACIÓN

Las prácticas de concentración, tales como *zhiné*, se encuentran en muchas tradiciones, por ejemplo, en el budismo sútrico y tántrico y en muchas formas de hinduismo. En todas estas tradiciones se las considera prácticas necesarias y fundamentales. En Dzogchen, *zhiné* se considera una preparación
para la práctica esencial de contemplación. De hecho, es muy
difícil avanzar en la práctica de contemplación Dzogchen sin
haber practicado antes *zhiné*.

En Dzogchen, la práctica de concentración tiene tres etapas. La primera etapa es la concentración "forzada". Implica la

aplicación de esfuerzo y a veces se le llama "la creación de la persona". Persistimos en la práctica para mejorar la concentración porque no estamos acostumbrados a ella. Ésta es la fase de tranquilidad creada por la mente. En la segunda etapa, desarrollamos esta concentración forzada, con esfuerzo, hasta que se transforma en un estado de tranquilidad natural. En la tercera etapa, relajamos la concentración hasta que cambia a un estado de tranquilidad estable.

Ocuparnos en la práctica de concentración es muy importante, porque sin ella resulta muy difícil lograr comprender el estado verdadero, e incluso, si adquirimos esta comprensión, es muy difícil conservarla por algún tiempo, a menos que hayamos desarrollado suficiente poder de concentración. De hecho, la capacidad de concentrarse es muy importante en todos los caminos espirituales, no sólo en Dzogchen, y también en la vida cotidiana.

En Dzogchen, la concentración es una de las prácticas preliminares fundamentales porque a través de ella calmamos la mente cambiante y adquirimos control sobre ella y, lo que es aun más importante, porque a través de la concentración el maestro nos puede introducir al "estado natural de la mente". También es importante porque los practicantes experimentados la usan para ayudarse a estabilizar ese estado. En la tradición Bön, después de completar las prácticas preliminares y recibir la iniciación de *Zhang Zhung Meri*, el practicante realiza la práctica de *zhiné* bajo la guía de un maestro experimentado, quien lo introduce al conocimiento del estado natural innato de su mente. La práctica de *zhiné* descrita en este capítulo viene del sistema *Ati* del Dzogchen del Bön.

LA PRÁCTICA DE *ZHINÉ* DEL *ATI*

La práctica de *zhiné* del sistema *Ati* consiste en dos técnicas de la práctica de concentración. Éstas se conocen como "fijación con un atributo" y fijación sin atributo". En la práctica de fijación con un atributo, se utiliza un apoyo visible, como una imagen, para concentrar la atención de la mente y, mediante el esfuerzo, mantener la mente bajo control. Cuando esto se logra y la práctica se vuelve más relajada, se nos introduce a la práctica de observación de la mente, la cual nos lleva a penetrar en el estado natural. Procedemos entonces, bajo la guía e instrucciones del maestro, a la fijación sin un atributo. Esto implica la meditación en nuestra naturaleza no condicionada y consiste en entrenarnos para conservar la mente en el estado de equilibrio contemplativo.

Las enseñanzas se dan generalmente en un orden determinado: primero, las prácticas preliminares; luego, la fijación la introducción al estado natural y, finalmente, la contemplación. Se nos recomienda que practiquemos en ese orden porque es provechoso, útil y realmente necesario hacerlo así. De otra forma es como querer cursar el tercer grado en la escuela después del primer año, sin haber hecho el segundo; así, no sólo no seremos capaces de cursar el tercero, sino tampoco de continuar al cuarto y quinto grado. Hay cierto orden que debe seguirse. Esto no significa que no haya algunas personas que tengan una gran habilidad para desarrollar su práctica a través de la fijación sin un atributo y que no muestren signos de progreso cuando hacen la fijación con un atributo; pero obviamente, esto no se aplica a todo el mundo, de manera que es mejor seguir el orden y las instrucciones tradicionales.

El atributo es un objeto que sirve como un "apoyo" mental con el fin de concentrar la atención para la práctica de fijación. En el caso del sistema *Ati*, el atributo usado como el punto de enfoque de la atención es la letra tibetana A. Ésta se usa para eliminar todos los pensamientos que distraen a la mente. Aunque la A, que es la última letra del alfabeto tibetano y la base de todas las demás letras, es muy rica en significado simbólico (simboliza el estado puro de la mente), en esta práctica su función es simplemente la de servir como foco de la atención. De hecho puede usarse cualquier objeto, como una imagen o una svástica.

Hay una buena razón para usar un apoyo físico en la práctica de fijación: es más fácil que tratar de crear un punto de fijación mental mediante la visualización; esto no siempre funciona y hasta cierto punto es algo difícil de hacer.

Se prepara un pedazo cuadrado de papel azul índigo de 6 cm de lado, con la letra tibetana A dibujada como se ilustra en la página 97. La A debe encerrarse en cinco círculos concéntricos coloreados. El círculo central debe ser azul índigo. Éste debe estar rodeado de verde, rojo, amarillo y blanco, en ese orden. (Si uno se siente incómodo con la letra tibetana, puede usar en su lugar una "A" en español.) Coloca el papel en un palo lo suficientemente alto para que el cuadro descanse a una distancia de entre cincuenta y sesenta centímetros frente a la nariz.

Debemos empezar con períodos cortos de meditación alternados con breves intervalos sin meditar. En estos lapsos no debemos distraernos, sino hacer prácticas como la visualización de una deidad o la generación de la compasión. Gradualmente, a medida que nos acostumbremos a permanecer en el estado de concentración, podremos extender la duración de los períodos de práctica.

Las instrucciones del *Ati* indican que el mejor tiempo para practicar es en la mañana; la mente está más clara cuando nos despertamos, pues durante la noche no elaboramos pensamientos conceptuales y el proceso de pensar tarda un poco en reanudar su actividad normal. Luego, las instrucciones explican las reglas a seguir en relación con la postura del cuerpo, la respiración, la mirada, la mente y la atención. Por lo que respecta al cuerpo, debemos sentarnos con las piernas cruzadas, el pie derecho sobre la pierna izquierda, las manos con el pulgar tocando la base del dedo anular (o "dedo de los espíritus", llamado así porque a través de este dedo entran los espíritus en el cuerpo de un médium). Los hombros deben conservarse abiertos sin encorvarse. La espalda debe estar recta, el abdomen metido, y la barbilla ligeramente recogida hacia la garganta. La respiración debe conservarse lo más natural posible. El respirar muy rápido hace que se perturbe la atención. Respecto a la mirada, no debemos mirar hacia arriba o abajo, sino fijar la vista en la letra A. Los ojos no deben estar muy abiertos, ya que la mente podría tomar la letra A como un objeto externo: ni muy cerrados, pues podríamos comenzar a dormitar y caer en un estado soñoliento. No debemos parpadear ni inhibir el flujo de "las tres aguas": la saliva de la boca, el moco de la nariz y las lágrimas de los ojos. Debemos permitir que éstas fluyan libremente, porque debemos concentrarnos bien, sin permitir que estas acciones reflejas nos distraigan. Con respecto a la atención, el *Ati* explica que debemos concentrarnos como si estuviéramos enhebrando una aguja. Por lo que se refiere a la mente, no debemos pensar en el pasado o el futuro, no debemos tratar de cambiar la situación presente. Simplemente debemos mantener la presencia consciente en la A, pero sin pensar acerca de la A, y concentrarnos tan intensamente como nos sea posible. No debemos perder conciencia de la A ni por un segundo.

Es importante distinguir entre simplemente mantener la presencia consciente en la A, es decir, dirigir la atención continuamente hacia la A sin que la corriente de atención se distraiga, y pensar activamente en la A, lo cual es meramente crear otro pensamiento. De hecho, hay dos etapas de la observación de la A: la etapa inicial es cuando nos concentramos, lo que significa que usamos la A para controlar los pensamientos y la mente. La segunda etapa es cuando estamos absortos en la contemplación y estamos conscientes de que hay una A pero sin concentrarnos ya en ella.

Siguiendo estas reglas estrictamente, nos armonizamos y activamos los elementos internos; nuestra práctica comienza a funcionar, y nuestra mente queda bajo control. La mente sigue a los ojos: cuando una persona mira, la mente pasa a través de los ojos. Si miramos la A pero nuestra mente vaga por otro lado, esto no es concentración en la A.

RESOLUCIÓN DE LOS PROBLEMAS

Al principio puede resultar difícil concentrarse adecuadamente. Ello implica un esfuerzo que puede ocasionar problemas. Los ojos nos arden, el cuerpo quiere moverse, y acabamos decidiendo que no nos gusta practicar de esta manera. Esto también depende, como ya vimos, de nuestro elemento predominante, así como de nuestra forma general de ser; entonces, al inicio debemos hacer un esfuerzo para controlar esto. Por ejemplo, hay personas que son más inquietas que otras y que siempre necesitan alguien con quién hablar. Para este tipo de personas es bueno comenzar con la práctica de fijación en la A, a fin de cambiar un poco este rasgo de su personalidad.

Si durante la práctica pensamos acerca de lo que estamos haciendo o debiéramos hacer, esto es una distracción a través del pensamiento y no es concentración. De la misma manera, si prestamos atención a la comodidad de la postura, esto tampoco es concentración. Si realmente estamos concentrados, no notaremos la comodidad o incomodidad del cuerpo o incluso el flujo de "las tres aguas".

Si no obtenemos comprensión a través de la fijación en la A, deberemos tratar de practicar la fijación con practicantes avanzados, o practicar con el sonido, usando un sonido neutral como el HUM. Por ejemplo, podemos sentarnos con otros practicantes y pronunciar el sonido cien o mil veces, tratando de concentrarnos en el sonido lo más posible. (Practicar con el sonido es muy útil para los practicantes invidentes, que físicamente no pueden concentrarse en una imagen visual, y también para las personas mayores que no son muy activas física y mentalmente.) Si aun así no tenemos éxito, deberemos comenzar de nuevo: ir en peregrinación a lugares sagrados o recibir una iniciación y repetir las prácticas preliminares y, entonces, reanudar la práctica de fijación. No es posible que haciendo esto no consigamos finalmente la comprensión.

SEÑALES DE PROGRESO ESPIRITUAL

Según el sistema *Ati*, existen señales de progreso espiritual, agrupadas en diferentes tipos de señales externas e internas, que nos indican si hemos logrado cierto control sobre nuestra mente. Es importante tener en cuenta estas señales, pero también lo es el no buscar obtenerlas. De hecho, si se conocen de antemano las señales, existe el riesgo de crearlas a voluntad.

Es posible tener una señal, varias, o todas las señales juntas. Si no hay señales, debemos intensificar nuestra práctica usando el sonido hasta que comencemos a tenerlas. Hay ocho señales internas, cada una con su ejemplo ilustrativo.

La primera señal es como una tortuga que, cuando se la pone en un recipiente con agua, retrae las extremidades hacia su caparazón. El practicante casi siente como si su mente no se pudiera mover. Ésta es una señal de que la mente se mueve hacia el interior.

La imagen de la segunda señal es la de un pajarito que comienza a temblar con un viento frío. Nuestra mente comienza a temblar porque se está volviendo muy sutil y clara.

La tercera señal es la forma desordenada como se mueven los cangrejos arrojados sobre una mesa, o la forma al azar como caen las uvas tiradas sobre una mesa: cada uva toma su propia posición. Ésta es una señal de que la mente no está reprimida u ocupada en hacer juicios, sino, más bien, de que sin esfuerzo ha asumido la condición natural. Esto significa que después de una sesión de meditación estamos en un estado natural y relajado, sin que haya ninguna fuerza u orden impuestos a nuestros pensamientos.

El ejemplo de la cuarta señal se remonta a tiempos antiguos, antes de que hubiera cerillos; los tibetanos entonces acostumbraban frotar un pedernal contra una caja de yesca para encender un fuego. Algunas veces se logra una chispa, otras veces no. Esto significa que en nuestra sesión de meditación sentimos que algunas veces estamos en un estado de calma y otras veces no. También significa que algunas veces tenemos comprensión y otras no. Teniendo ambas experiencias, podemos entender qué es la verdadera comprensión e identificar cuándo estamos en el estado de calma.

La quinta señal es como agua que corre por un tubo delgado o por una llave de agua. Esto significa que el estado de la mente se ha vuelto estable y muy sutil y regular, y hay un flujo ligero y continuo.

La sexta señal es como una abeja que no quiere alejarse de una flor llena de néctar. Esto significa que nos sentimos muy bien durante la práctica de concentración; nos apegamos a esa felicidad y no queremos parar. Sin embargo, éste no es un apego del tipo negativo, sino un deseo de no parar. Esto significa que la práctica está funcionando y que nos sentimos cómodos con ella; entonces podemos continuar practicando por un tiempo prolongado.

La séptima señal es como un pez que nada y salta en el mar por donde le place, sin preocuparse de posibles obstáculos o accidentes. Es como una sensación repentina de libertad, la sensación de que, independientemente de la dirección en la que se mueva la mente, y cualquiera que sea el pensamiento que surja, no hay perturbación o distracción.

La octava señal es como el viento que sopla a través de las hojas de los árboles en otoño, sin quedar detenido en nada. Esto significa que, a pesar de cualquier pensamiento que surja, la mente sigue fluyendo sin formar apegos.

También hay señales externas que sirven como indicadores de progreso. La primera de éstas, al igual que la sexta señal interna, es no desear moverse; pero el movimiento aquí es más bien físico que mental. En las señales internas es la mente la que no se quiere mover; en este caso es el cuerpo. Cuando aprendí la práctica de fijación, estaba con otras dos personas: un monje y su madre de sesenta y cinco años. Cuando acabamos de practicar, nuestro maestro cantó por media hora; después de esto, la anciana no pudo moverse: ésta fue la primera señal que recibió.

Otras señales son querer reír o llorar sin motivo, querer saltar; la cara cambia de color, nuestro cuerpo comienza a temblar, no queremos continuar sentados, etc. De hecho no hay límite en los tipos de señales que podemos tener. Llegamos a creer que nos estamos volviendo ligeramente locos, pero no hay nada de malo en ello. Es que estamos sufriendo cambios internos y nuestra energía interna se está armonizando. Éstas son señales de que hemos capturado a la mente.

El *Zhang Zhung Nyan Gyud* presenta otra serie de señales de progreso valiéndose de tres ejemplos. Los textos dicen que se requieren por lo menos de diez a catorce días de práctica para experimentar las señales de haber alcanzado un estado de calma mental. El primer ejemplo se aplica al practicante superior cuya mente no se apega y es el de poner una tortuga en un recipiente: la tortuga no tiene nada qué hacer; entonces está en un estado sin pensamientos. Ésta es una señal de adentrarse en uno mismo. El segundo ejemplo se aplica a la experiencia del practicante promedio y es enviar agua por una tubería: es una señal de que el flujo de la mente es preciso y directo, sin agitarse o distraerse con los pensamientos. El tercer ejemplo se aplica al practicante inferior y es el de la abeja que se detiene lo más posible en una flor para libar el néctar: es señal de que la mente está relajada, alegre y sin movimiento de pensamientos, pero todavía se apega: quiere permanecer en el estado de calma.

Todas estas señales producen cierto efecto porque nos permiten practicar sin esfuerzo; esto es importante porque nos estimula para continuar sin tensión, haciendo sesiones más largas.

INTRODUCCIÓN AL ESTADO NATURAL

Cuando los signos internos y externos comienzan a manifestarse, el maestro nos introduce al estado natural explicándonos la naturaleza de las experiencias que hemos tenido ya y del conocimiento que ya hemos adquirido por nosotros mismos. De este modo, la práctica se vuelve más calmada y relajada, es menos una práctica de fijación y concentración, y se asemeja más a la práctica de contemplación.

En esta etapa, en la que hemos llegado por debajo de la superficie de la mente cambiante, el maestro nos pregunta sobre nuestra experiencia del estado natural de la mente. Las preguntas son acerca de la naturaleza de la mente: si tiene forma o color o una ubicación precisa; después nos pregunta sobre el origen y la naturaleza del pensamiento: dónde surge el pensamiento, dónde permanece y dónde se disuelve y quién observa el pensamiento. Podría preguntar: "¿Quién eres?", o "¿Qué es tu mente? ¿Tiene un color o una forma?", o bien, "¿De dónde vienen tus pensamientos?", pero sin sugerir siquiera la respuesta. Únicamente cuando hemos logrado la comprensión, a través de la práctica de la percepción profunda de la mente y a través de nuestra propia experiencia, el maestro nos muestra la naturaleza de la mente señalándonos directamente el conocimiento que hemos adquirido mediante nuestra propia experiencia, explicando acerca de *kunzhi* y de *rigpa* y de su inseparabilidad en el estado primordial. De esta manera, nuestra comprensión será clara y real, puesto que lo que el maestro explica y clarifica es el conocimiento que nosotros mismos hemos adquirido a través de nuestra propia experiencia directa. El maestro no nos introduce su propio concepto, algo que nosotros mismos no hayamos experimentado, ya que eso produciría una comprensión meramente intelectual. Nos introduce a aquello que ya hemos encontrado en nuestro interior.

Es necesario que nosotros mismos tengamos esta experiencia directa, y la manera más segura de tenerla es practicar *zhiné*. De otro modo, es muy fácil tener fantasías intelectuales acerca de la naturaleza del estado primordial, acerca del "vacío", la "claridad", la "luz", el "gozo supremo" y demás. Cuando el estado natural se introduce a través de la práctica de *zhiné*, lo comprendemos por completo y somos capaces de entrar y permanecer en el estado de contemplación. Eso es *trekchöd* (véase el Capítulo 15), una de las dos principales prácticas de Dzogchen.

Una vez que hemos obtenido el control sobre el flujo de los pensamientos en la mente a través de la fijación con un atributo, el maestro nos introduce y nos guía en la práctica de la fijación sin atributo. Mediante la aplicación de la percepción profunda, comprendemos los movimientos del nivel de la mente en el que se producen los pensamientos y así llegamos a conocer el estado natural subyacente de la mente. Tiene dos etapas.

La primera consiste en entrenarnos siguiendo cuatro principios fundamentales relacionados con la postura corporal, la mirada, la obtención del control sobre la mente y el "compromiso". El compromiso (*samaya* en sánscrito y *dam tsig* en tibetano) generalmente se refiere a los votos que se toman cuando se reciben iniciaciones e instrucciones tántricas; aquí se refiere sim plemente a las reglas de la postura corporal y demás que se siguen en esta práctica específica. La segunda consiste en entrenarnos para desarrollar la práctica.

Aquí las instrucciones relacionadas con la postura del cuerpo y la mirada difieren un poco de las que se dieron antes para la práctica de fijación con un atributo, ya que una vez que hemos obtenido el control de la mente y que hemos comprendido el "estado", podemos relajarnos más. Ya no hay necesidad de hacer un esfuerzo para controlar los pensamientos, puesto que éstos ya no constituyen un obstáculo. Al principio las sesiones de práctica no necesitan ser tan largas ni tan estrictas; sin embargo, como en el caso de la práctica de fijación con un atributo, en general es bueno comenzar con sesiones cortas y alargarlas gradualmente de manera que las sesiones de práctica se vuelvan más largas, y los intervalos, más cortos. Es mejor no realizar actividades físicas demasiado fuertes antes de una sesión, puesto que esto restará estabilidad a la mente y hará que surjan más pensamientos. Debemos tratar de evitar bailar, saltar, hacer movimientos bruscos, así como hablar innecesariamente y entretenernos con charlas insustanciales. Por lo que se refiere a la mente, cuando estamos a punto de comenzar a practicar es mejor que no hagamos planes ni pensemos en nuestros asuntos sino que la relajemos desde el principio.

Si nos resulta difícil comenzar a contemplar, pero luego procedemos bien, eso es bueno. Lo que tenemos que hacer cuando recibimos una enseñanza es practicarla concienzudamente y bien, hasta que obtengamos el fruto de la práctica; entonces cuando recibamos otra enseñanza, debemos practicarla adecuadamente de la misma manera. Por ejemplo, si recibimos instrucción para la práctica de fijación pero no la practicamos lo suficiente y en la forma correcta porque estamos ansiosos por recibir enseñanzas de contemplación más elevadas, entonces, cuando practiquemos la contemplación no podremos desarrollarla adecuadamente porque no hemos completado el trabajo preliminar.

A través de la aplicación correcta y concienzuda de la fijación podemos proceder de la primera etapa de concentración forzada en la que se requiere un esfuerzo, a través de la etapa de la concentración natural, en la cual la práctica es más relajada y ya no requiere de ese esfuerzo, hasta la etapa final de la concentración estable.

Una vez que la introducción del maestro ha clarificado nuestra comprensión del estado natural, los pensamientos, que siguen surgiendo, ya no constituyen un obstáculo y hay auto-liberación de los pensamientos. De hecho, por su naturaleza, los pensamientos no son un obstáculo o un problema; son una manifestación del estado natural. Los pensamientos surgen del estado natural, permanecen en el estado natural y regresan al estado natural. Si no permitimos que los pensamientos nos distraigan, siguiéndolos o tratando de suprimirlos, entonces no creamos apego o aversión a ellos, y se autoliberan en el estado natural. Vemos los pensamientos como ornamentos del estado natural.

La comprensión puede ser de dos tipos: con pensamiento, que es la comprensión conceptual, intelectual, y sin pensamiento, que es la comprensión directa. Los pensamientos no pueden ser liberados por otros pensamientos: los pensamientos "buenos" no pueden liberar a los pensamientos "malos", así como la sangre no puede lavar la sangre de las manos. Los pensamientos "buenos" y los "malos" son igualmente obstáculos para la comprensión directa del estado natural, que está más allá del pensamiento, y el pensamiento no puede comprender aquello que está más allá del pensamiento. La comprensión del estado natural solamente puede ser una comprensión directa no mediada por el pensamiento; es la naturaleza vacía de la mente comprendiéndose a sí misma.

Aun cuando hayamos alcanzado esta comprensión directa a través de la presencia, si surge el pensamiento: "¡Ah, este es el vacío!, ¡ahora comprendo!", eso ya no es la comprensión directa, puesto que nos vemos distraídos por ese pensamiento, que reduce la comprensión directa a la comprensión conceptual. La presencia que comprende el vacío es la autoconciencia despierta innata. Se la llama autoconciencia despierta porque es el estado vacío comprendiéndose a sí mismo por su propia claridad. El vacío no está separado de la claridad; el vacío es la claridad, y la claridad es el vacío.

La práctica de concentración todavía no es contemplación, pero a través del desarrollo de la concentración podemos conocer el estado natural y adquirir la capacidad de permanecer en el estado de presencia; esa es la introducción a la práctica de contemplación.

La letra A tibetana

CAPÍTULO 7

Nyamshag
Contemplación

Cuando todo se realiza como Buda
la meditación y la perspectiva no existen separados.
La meditación misma es la perspectiva superior.

Buda nunca se encuentra en meditación
ni se pierde por falta de meditación.
Permanece continuamente en la no distracción

El significado de la contemplación en Dzogchen

En Dzogchen, *nyamshag*, contemplación, tiene un significado preciso y específico. Indica la presencia en el estado de inseparabilidad de la claridad y el vacío. En el lenguaje simbólico de Dzogchen, es la "unión de la madre y el hijo". La contemplación es la principal práctica Dzogchen.

Las prácticas de meditación en el vacío efectuadas en el camino sútrico y las prácticas del camino tántrico, como la recitación de mantras y la visualización de deidades con el fin de obtener la unificación del vacío y el gozo, son prácticas secundarias en Dzogchen, para usarse cuando sea necesario. Lo que debemos desarrollar como practicantes de Dzogchen es la contemplación de la inseparabilidad del vacío y la claridad en el estado natural de la mente. Como ya son inseparables, en Dzogchen no tratamos de unirlos, como lo hacen los practicantes tántricos, sino que simplemente reconocemos su indivisibilidad. Las prácticas secundarias son medios que facilitan llegar a este nivel de desarrollo.

CONCENTRACIÓN Y CONTEMPLACIÓN

Es importante entender las diferencias entre contemplación y concentración. Después de dominar la mente ocupándola en la fijación con un objeto y de lograr la concentración relajada a través de la fijación sin un objeto, estamos listos para la introducción al estado de contemplación y para escuchar las instrucciones de cómo permanecer en el estado natural. En la práctica de concentración todavía existe dualismo entre el sujeto que se está concentrando y el objeto de concentración, y continúa aún el dualismo entre lo interior (la conciencia dentro de la mente-cuerpo del meditador) y el exterior (el objeto de meditación). Pero en la contemplación no hay sujeto ni objeto: se dice que es como "verter agua en el agua". En el sistema Sutra, en "el tercer sendero del reconocimiento", la inseparabilidad de nyamshag y el estado de postmeditación también se compara con "verter agua en agua". Aquí no hay existencia relativa, y la percepción es percepción directa, yóguica. Pero según el Dzogchen, el practicante obtiene este nivel de experiencia inmediatamente, sin tener que esperar a alcanzar "El camino del reconocimiento". Basta con permanecer simplemente en el estado de contemplación, en el que no hay dentro ni fuera y se reconoce que toda realidad "externa" es una proyección del estado "interno".

LA MENTE Y LA CONTEMPLACIÓN

Es importante en Dzogchen entender qué tipo de mente es la que permanece en el estado de contemplación. La tradición Sutra (*Cittamatra*) clasifica los tipos de mente como perceptores "directos" y "no directos". La percepción directa, que se define como no conceptual, puede a su vez ser de cuatro tipos: sensorial, mental, de autoconocimiento y yóguica. Según Dzogchen, el tipo de mente que realiza la contemplación es un perceptor directo, pero no está incluida dentro de las cuatro clasificaciones del sistema Sutra. Aunque, de acuerdo con el Dzogchen, se llama "autoconocimiento" a la conciencia que percibe el estado natural, ésta no corresponde al preceptor directo del autoconocimiento del sistema *Cittamatra*. En Dzogchen, en la palabra autoconocimiento, el prefijo "auto" se relaciona con el vacío, la base increada de todo, también conocida como "*kunzhi*", y lo que entendemos por "conocimiento" (*rig*) es precisamente la conciencia despierta de la base junto con el vacío y su manifestación no dual como energía. Entonces, "autoconocimiento" en Dzogchen quiere decir darse cuenta de la totalidad única de la base de todo en nuestro propio ser, que es lo opuesto de darse cuenta de cada aspecto de la conciencia, parte por parte.* "Autoconocimiento" en *Cittamatra*, por el contrario, no se refiere al vacío, sino que es una posibilidad para cada tipo de conciencia; es decir, cada conciencia tiene su propio "autoconocimiento", que es ese aspecto de su propia constitución que se da cuenta de sí mismo. Por ejemplo, la conciencia visual momentánea y particular de una manzana en particular tiene su propio autoconocimiento, es de-

---

* Del mismo modo se entenderá el prefijo "auto" en el término "autoconciencia", así como en "autoliberar" y "autoclaridad", en el contexto de este libro [Nota de traducción].

cir, aquel aspecto del percatarse de una manzana que a la vez es consciente de sí mismo. En Dzogchen, esta comprensión está completamente más allá de la mente conceptual, la cual es incapaz de una comprensión directa. La forma de comprender es directa, y la forma de permanecer en el estado de contemplación es el hacer una distinción entre el conocedor y lo conocido, entre sujeto y objeto. Esta mente, que está más allá de cualquier mente conceptual y que comprende el estado natural primordial, es una mente interna sutil conocida también como la "luz clara"; aquí (en la terminología de la práctica del sueño), "clara" se refiere al vacío, y "luz" se refiere a la claridad, de la mente primordial.

LA MENTE Y LA NATURALEZA DE LA MENTE

También es importante distinguir entre "la naturaleza de la mente" (*sems nyid*, sinónimo, en el pensamiento Dzogchen bön, de *kunzhi*, la "base de todo") y la "mente como tal" (*sems*). En el *Zhang Zhung Nyan Gyud* hay una clasificación de cuatro cualidades que distinguen "la naturaleza de la mente" de "la mente".

Las cuatro cualidades de "la naturaleza de la mente" son:

1. Ausencia de pensamientos;
2. Ser la base de la mente cambiante;
3. Ser neutral, sin tender a ser virtuosa o no virtuosa;
4. Tener potencialidad ilimitada para manifestarse.

Las cuatro cualidades de "la mente" son:

1. La vista y la memoria;
2. Cuando la mente piensa, cualquier pensamiento se puede manifestar;

3. Cuando uno no piensa, y observa, la mente cambiante se libera en *kunzhi*;

4. Si uno permite a su propia mente morar en el estado natural que no cambia, la madre y el hijo se unen inseparablemente (ver capítulos 10 y 11).

Según el *Cittamatra* sútrico, la mente se analiza como dotada de tres cualidades: "*sems*", "*yid*" y "*blo*". *Blo* es "una fuerte tendencia subjetiva", mientras que *sems* es una "actitud mental", y *yid* es "la mente racional". Sin embargo, de acuerdo con el *Zhang Zhung Nyan Gyud*, *sems* (la mente discursiva), *blo* (el intelecto) y *yid* (la mente conceptual) son básicamente lo mismo.

MÉTODOS DE CONTEMPLACIÓN

El *Zhang Zhung Nyan Gyud* enumera nueve métodos para adquirir la experiencia de la contemplación:

1. Eliminar las distracciones mediante el triple control de las acciones del cuerpo, el habla y la mente.

2. Ubicarse en el estado natural de la mente mediante tres liberaciones: relajando el cuerpo en el estado físico de inactividad; el habla, en el silencio, y la mente, en la ausencia del pensamiento.

3. Permanecer en la conciencia despierta (*rigpa*) mediante el triple método de la permanencia: permanecer en la mente tal cual es, sin modificar la mente cambiante; permanecer en la esencia de la condición natural, y permanecer sin limitaciones en el estado natural.

4. Interrumpir la persistencia de los residuos kármicos en relación con las tres acciones: no seguir las acciones del cuerpo, no seguir las palabras y no seguir los deseos de la mente.

5. Prolongar la permanencia en el estado natural con los tres poderes: reforzar el poder de la presencia sin distracciones, que es la conciencia despierta en sí misma; reforzar el poder del ser no condicionado, y reforzar el poder natural ininterrumpido del gozo supremo.

6. Proteger el conocimiento adquirido mediante el triple encubrimiento: ocultar el cuerpo de las perturbaciones, así como los animales de presa se ocultan de sus cazadores; ocultar las palabras en el gran silencio, así como se esconde una lámpara de aceite en una vasija; ocultar la mente cambiante en la mente natural de los objetos de los seis sentidos, así como una tortuga se oculta en el océano.

7. Entrenar la energía de la conciencia despierta mediante las tres manifestaciones: la manifestación de las diversas acciones del cuerpo que se originan en el estado sin acción del cuerpo; la manifestación de los diversos surgimientos del habla en el silencio, y la manifestación de los diversos movimientos de la mente cambiante en el estado sin pensamientos. Mediante estas tres manifestaciones, uno ve que todas las manifestaciones son iguales, porque su origen es la ausencia de las tres acciones.

8. Encontrar el estado no dual por medio de las tres liberaciones: todas las acciones del cuerpo se liberan en el estado sin acción del cuerpo; toda el habla se libera en el silencio, y todos los pensamientos se liberan en el estado sin pensamientos de la mente. Mediante estas tres liberaciones, entendemos la igualdad fundamental subyacente tanto en la mente como en la naturaleza de la mente.

9. Obtener el resultado final mediante las tres ausencias de oscurecimientos: las acciones no oscurecen el estado sin acción del cuerpo; el habla no oscurece el silencio, y los pensamientos no oscurecen el estado sin pensamientos. Al lograr la ausencia definitiva de oscurecimientos, el resultado último se manifiesta.

LOS PENSAMIENTOS Y LA CONTEMPLACIÓN

Nuestra manera de relacionarnos con el surgimiento de los pensamientos es un aspecto crucial en la contemplación. Al observar el surgimiento, la permanencia y la disolución del pensamiento en el vacío, percibimos la verdadera naturaleza vacía del pensamiento: los pensamientos son el movimiento de la mente y son de la misma naturaleza que la mente natural, así como las olas son de la misma naturaleza acuosa del mar. Cuando los pensamientos surgen en el estado de contemplación, nos damos cuenta de que surgen del vacío y de que su esencia es la misma naturaleza del vacío. Entonces no nos perturban, y los dejamos ir, permanecemos en la ecuanimidad de la contemplación. En esta forma el estado natural del vacío se vuelve más claro: encontramos la unión y la identidad de claridad (*rigpa*) y vacío (*kunzhi*) directamente en nuestra propia experiencia, y así nos damos cuenta de la inseparabilidad de la claridad y el vacío en el estado natural. Para nosotros es importante alcanzar la condición en la que los pensamientos dejan de distraernos o perturbarnos. Éste no es un estado en blanco en el que los pensamientos estén ausentes. De hecho, cuando se cultiva el estado de calma sin pensamientos, si éste se prolonga más allá del vacío natural que existe entre dos pensamientos, se vuelve entonces un estado de ignorancia, no de presencia, ya que en la ausencia forzada de pensamientos existe sólo vacío sin claridad, relajación sin presencia. En el verdadero estado de contemplación estamos relajados: ni creamos ni bloqueamos los pensamientos. De esta manera, permanecemos presentes sin distracción en ambos momentos de la mente, es decir, tanto en la presencia de pensamientos como en la ausencia de éstos. La contemplación Dzogchen es estar presentes en el estado más allá de los pensamientos porque la mente conceptual creadora de pensamientos y acostumbrada a retener la atención mediante la continua producción de pensamientos, está en reposo. La mente conceptual, creadora de pensamientos, aparta al practicante del estado relajado de contemplación y lo lleva hacia la tensión. Esto dificulta el permanecer relajado en estado de contemplación por cierto espacio de tiempo.

TRES TIPOS DE EXPERIENCIA EN LA CONTEMPLACIÓN

En la presencia hay tres tipos de experiencia (*nyams*): la experiencia del gozo (*bde ba'i nyams*), una sensación de placer interno; la experiencia del vacío (*stong pa'i nyams*), una sensación de total disolución en el espacio, donde nada existe, y la experiencia de claridad (*gsal ba'i nyams*), una sensación de lucidez extrema, en la cual hay comprensión directa mediante la presencia sin mediación de los pensamientos. Sin embargo, estos tres *nyams* no deben confundirse con *rigpa* o con el estado primordial. Son experiencias que *rigpa*, la autoconciencia del estado, contiene.

LA PRESENCIA EN DZOGCHEN

La presencia tiene un significado particular en Dzogchen. "Presencia" es una palabra que puede aplicarse en general a todo: cualquier cosa puede estar "Presente". En la vida diaria, presencia puede referirse a una atención cuidadosa en las actividades cotidianas o en el trabajo: si tensamos un arco para disparar una flecha, hay presencia en la energía liberada por el arco y por nosotros al disparar la flecha hacia el blanco. En términos de la práctica espiritual hay diferentes tipos de presencia: presencia en la energía, presencia en el poder, presencia en la alegría y presencia en la claridad; pero cuando hablamos de presencia en el contexto de Dzogchen, nos referimos específicamente al estar presentes en la inseparabilidad de la claridad y el vacío en el estado natural de la mente.

De la misma manera, hay una gran diferencia entre el significado ordinario de la distracción, que en el lenguaje ordinario se refiere simplemente a la desviación de la atención, y la importancia que tiene el Dzogchen, en el cual se refiere a la ausencia del estado natural.

Por ejemplo: si alguna vez nos cortamos un dedo en la cocina, alguien podría decirnos, "Tú eres un practicante de Dzogchen, ¿cómo puedes distraerte mientras cocinas?" Pero no se trata de eso Como practicantes de Dzogchen, es posible que nos distraigamos al cocinar, pero no es posible distraernos del estado natural.

Supongamos, por ejemplo, que ganamos mucho dinero en la lotería. Nos pondríamos muy contentos, y si al llegar a casa encontráramos una ventana rota, podríamos sufrir por ello, pero al mismo tiempo estaríamos felices porque todavía nos acordaríamos de que ganamos la lotería, "estaríamos presentes" en ese hecho. Nuestro vecino, que no ha ganado la lotería, puede tener también una ventana rota, así que tenemos el mismo problema, pero de manera diferente. Cuando estamos presentes, sufrimos al igual que toda la gente, pero nuestra manera de sufrir es diferente, y el resultado es diferente porque, aunque tengamos problemas y suframos, esto no puede distraernos de la presencia en el estado natural; somos capaces de estar presentes en cualquier condición; de este modo relacionamos cualquier situación con la práctica.

Para el Dzogchen, el estado de conciencia de los cinco sentidos y el estado de conciencia mental son muy importantes. Examinemos una vez más la presencia en relación con estos seis estados de conciencia, mediante el ejemplo de ir al cine. Los sentidos son capaces de una cognición no conceptual. Cuando estamos en el cine, no importa si la película es buena o mala, nuestros ojos ven la película y nuestros oídos escuchan el sonido; los sentidos perciben los movimientos de la forma y el sonido, y la percepción no se bloquea con los juicios mentales. Nuestro cuerpo se sienta cómodamente. En verano, habrá aire acondicionado; en invierno, habrá calefacción. Nuestra nariz huele algún perfume agradable, nuestra lengua saborea un chocolate. Todos nuestros sentidos trabajan al mismo tiempo y nunca se perturban uno al otro, como tampoco lo hacen las percepciones de los sentidos que dan lugar al pensamiento. Si comemos chocolate, no distraemos a nuestros ojos de la película o a nuestros oídos del sonido. Las conciencias de los sentidos tienen esa capacidad, porque experimentan directamente sin conceptos; así que pueden funcionar juntos sin interferir uno con el otro. Nuestra conciencia mental se encuentra a gusto porque no está juzgando. En ese momento, las funciones de la mente están percibiendo las formas de la película, que son los objetos de la conciencia de los sentidos, y el intelecto no las distrae elaborando pensamientos. Únicamente cuando la película termina comenzamos a percibir de manera diferente, porque nuestra conciencia mental comienza a elaborar pensamientos: empezamos a pensar y a juzgar la película. En el cine aplicamos todas las conciencias sensoriales, pero no estamos en el estado de presencia. Cuando practicamos, la conciencia plena de los sentidos funciona de la misma manera, pero también hay presencia que surge por sí sola. Este ejemplo es útil, porque cuando practicamos, nuestras conciencias sensoriales trabajan sin distraerse, y al mismo tiempo estamos presentes en el estado puro de la mente. Tenemos autoconciencia del vacío no como un sujeto experimentando un objeto, sino como la presencia en la experiencia de la autoconciencia, no perturbada por pensamientos conceptuales. Cuando nos integramos con la autoconciencia y permanecemos en ese estado por media hora o más, dependiendo de nuestra capacidad como practicantes, decimos que hemos terminado de practicar; esto es análogo al fin de la película. Sin embargo, en el cine experimentamos la forma del objeto de los sentidos, pero no el vacío del objeto de los sentidos": no estamos conociendo la cualidad natural dentro de la forma, que es el vacío. Más allá de la mente que percibe las formas, el objeto es vacío; en la contemplación comprendemos esta unión de forma y vacío al colocar la mente más allá de los conceptos.

Como practicantes de Dzogchen, es muy importante trabajar con la presencia, desarrollarla bien y luego integrarla con nuestras acciones de cuerpo, habla y mente, a fin de tener la presencia total. Pero ¿qué es la presencia total? Es la continuidad de la presencia. Practicando y reflexionando en los ejemplos, es posible comprender la presencia total a través de la experiencia directa.

CLARIDAD EN LA CONTEMPLACIÓN

Las enseñanzas Bön también señalan una distinción entre la contemplación ordinaria y la contemplación con claridad. La contemplación con claridad se logra al realizar las prácticas de purificación, que consisten en disolver el *tigle* (*thig le*); la forma visualizada de *rigpa*, la claridad de la mente, en el espacio, que es el vacío de la mente, con lo cual se unen el vacío y la claridad. En este momento, si somos capaces de estar presentes en la claridad, la podemos desarrollar aun más.

En la contemplación hay una comprensión directa sin conceptos a través de la claridad. Este tipo de comprensión inmediata, que no se atiene al movimiento del pensamiento, puede saber muchas cosas que generalmente están más allá de lo que capta la mente ordinaria. Es una comprensión sin conceptos porque surge directamente de la naturaleza vacía de la mente, del estado primordial que está más allá del pensamiento.

A través de la contemplación podemos tener una experiencia transitoria de la condición única del estado primordial, que siempre es claro, luminoso y perfecto, como el sol que siempre brilla en el cielo pero que puede ocultarse temporalmente tras las nubes. Nosotros los practicantes somos los que tenemos momentos de claridad, cuando estamos presentes en el estado natural, y momentos de distracción, cuando estamos ausentes de él.

Cuando vemos con nuestros ojos en el estado de contemplación, lo que en realidad estamos viendo es nuestra propia sabiduría. Los ojos son los portales de la sabiduría según el Dzogchen bön. En el lenguaje hermético del *Zhang Zhung Nyan Gyud*, se habla de una gran montaña en la cual hay cinco ermitaños y dos cavernas. La gran montaña es el cuerpo, los cinco ermitaños son las cinco sabidurías, y las dos cavernas son los ojos.

CAPÍTULO 8

INTEGRACIÓN

En la mente de Samantabhadra,
la experiencia llamada "presente" o "ausente" es errónea.
El hecho de que uno no excluya al otro es la excelencia última,
que se aclara sin esfuerzo, que no se corrobora ni se concibe.

LA IMPORTANCIA DE LA INTEGRACIÓN

En Dzogchen es de gran importancia la integración del estado de presencia –que se desarrolla a través de *zhiné* y se fortalece en la contemplación– con todas las actividades del cuerpo, habla y mente en la vida diaria.

La práctica Dzogchen de mirar el cielo (*nam mkha' ar gtad*) nos permite integrar la condición vacía de nuestra mente con el espacio vacío del cielo, venciendo nuestro apego al ego y al sutil dualismo de fuera y dentro, de la existencia y la no existencia. Pero antes de que podamos integrar nuestra contemplación con el espacio, que es la verdadera y absoluta condición de la mente natural, debemos ser capaces de integrarnos con nuestros pensamientos y pasiones, que son la condición de nuestra mente relativa. Según el *Zhang Zhung Nyan Gyud*, una vez que hemos establecido nuestra contemplación, es importante no sólo permanecer en tranquilidad sino también practicar con los movimientos de energía de las causas secundarias". Es decir, con las energías de la vida presente, con las que surgen durante el proceso de muerte y con las que surgen después de la muerte en el estado intermedio (*bardo*).

Las causas secundarias, con las cuales tenemos que trabajar en la vida presente, caen dentro de cuatro categorías principales: las relacionadas con nuestra existencia en términos del cuerpo, el habla y la mente; las relacionadas con las seis conciencias sensoriales (los cinco sentidos y la mente); las relacionadas con los pensamientos, y las relacionadas con nuestros diversos problemas y limitaciones. Al practicar en esta vida, nosotros mismos podemos prepararnos para las experiencias que tendremos durante y después de la muerte. La manera de volver nuestra vida entera una práctica es integrar la contemplación con todas nuestras actividades diarias. A fin de hacer esto, es importante estar muy claros sobre lo que es el estado de contemplación y cómo permanecer en ese estado. En nuestra práctica es importante tratar de permanecer en el estado de presencia y superar la sutil división dualista entre la contemplación y la vida diaria, entre *thun* y *jethob*, entre las sesiones formales de práctica y el estado de la mente "después de practicar": integrar la presencia y la contemplación con la vida diaria.

Esta integración es muy importante en Dzogchen. Si comparamos el tiempo que dedicamos a practicar formalmente con la cantidad de tiempo que pasamos sin practicar, es fácil entender que si limitamos nuestra práctica a las sesiones formales de meditación, sin integrarla a todas las actividades de nuestra vida diaria, nos llevará muchísimas sesiones formales obtener la realización.

Al integrar la contemplación con la vida diaria, nuestra vida entera se convierte en una práctica y puede llevarnos a alcanzar la realización en una sola vida. Integración significa la coordinación de la presencia con el movimiento de la energía y consiste en aplicar la sabiduría pura de la contemplación a nuestros sentidos, a nuestro cuerpo, habla, mente y acciones en todo momento de nuestra vida. Así permanecemos presentes en el estado primordial, infundiendo conciencia a todas las actividades del cuerpo, del habla y de la mente en la vida diaria.

INTEGRAR LA PRESENCIA CON LAS ACCIONES

La forma de hacer esto se explica con gran detalle en el sistema *Ati* de meditación Dzogchen del Bön, donde se le dice al discípulo que se integre primero con las acciones virtuosas, luego con las acciones neutrales y finalmente con las acciones no virtuosas. En esta forma, uno convierte todas las actividades en expresiones de la conciencia contemplativa; se vuelven ayudas para el desarrollo espiritual y por ende virtuosas en un sentido real.

En general, todas las acciones o movimientos de energía de nuestro cuerpo, habla y mente se consideran virtuosas, neutrales o no virtuosas. Las acciones virtuosas son las que no nos distraen del estado de presencia y por eso acumulan méritos; las no virtuosas son las motivadas por las cinco pasiones y por eso acumulan obstáculos para el desarrollo espiritual; las neutrales son las que no tienen consecuencias kármicas y por ende no acumulan méritos ni obstáculos. Asimismo, las acciones virtuosas pueden clasificarse como absolutamente virtuosas y relativamente virtuosas. Por ejemplo: en el caso del cuerpo, virtud absoluta significa permanecer en el estado de presencia, mientras que virtud relativa se refiere a actividades meritorias, tales como hacer postraciones y caminar alrededor de stupas, es decir, acciones que generan beneficio para uno mismo y para los demás.

Al inicio tratamos de integrar el estado de contemplación a las actividades del cuerpo, que son las más fáciles; luego, a las actividades del habla, y finalmente, a las actividades de la mente, que son las más difíciles.

Es mejor empezar con movimientos físicos simples; por ejemplo, al final de una sesión de práctica de meditación, estando todavía en el estado de presencia, podemos tratar de mover una mano o un brazo, o mover un objeto como una taza, y ver si conseguimos permanecer en el estado de contemplación durante el movimiento: debemos tratar de mantener la misma condición de presencia tanto en el movimiento como en la calma del estado relajado. Podemos tratar de practicar de esta manera por una semana o más, entrenándonos en hacer movimientos pequeños y lentos, hasta que notemos que estos movimientos ligeros ya no son motivo de distracción. Entonces, podemos ver si integramos la presencia con movimientos más amplios: podemos tratar de pararnos mientras mantenemos la presencia, y después integrar la presencia con la acción de caminar. Luego podemos tratar de integrarla con una actividad virtuosa, como hacer postraciones: una actividad que sea lenta y calmada. Una vez que nos damos cuenta de que estas actividades no nos distraen del estado de presencia, podemos probar movimientos virtuosos más enérgicos, como caminar alrededor de stupas. Una vez que nos hemos integrado con acciones como éstas, podemos intentar integrar el estado de presencia con acciones neutrales, por ejemplo: comer despacio y conscientemente. Una vez que podemos integrarnos con movimientos lentos, podemos tratar de hacerlo con movimientos más rápidos, como correr, brincar, nadar y bailar. Pero es necesario hacer primero toda la práctica anterior, pues si vamos a bailar a una discoteca pensando que permanecemos en la presencia, cuando, de hecho, estamos completamente distraídos, esto no tiene sentido e incluso puede ser nocivo.

Cuando notemos que nos podemos integrar con estos movimientos neutrales, debemos cambiar a las acciones no virtuosas, como expresar la pasión de la ira; por ejemplo: golpear a un animal o efectuar otras acciones negativas. Tratamos de integrar la presencia con este tipo de acciones. Y si somos capaces de hacerlo, esto hace que cada acción propia de nuestro cuerpo sea pura y virtuosa, porque está regida por la presencia.

Esto mismo se aplica a la voz. Al principio debemos tratar de integrar el estado de presencia con las actividades virtuosas de la voz, que normalmente realizamos después de una sesión de práctica, como recitar mantras y cantar. Cuando notemos que esto no nos distrae, podemos tratar de integrarnos con actividades neutrales como cantar canciones comunes y corrientes o tener conversaciones triviales. Una vez que hemos logrado esto, podemos intentar integrarnos con las cuatro acciones negativas. Estas son: decir mentiras, calumniar a la gente para romper amistades, insultar y pelear con la gente y chismorrear. Algunas de éstas son más fáciles de integrar que otras; debemos empezar por las que sean más sencillas y menos dañinas, como el chismorreo. Comenzar con pelear o insultar sería más difícil, pues estas acciones causan una reacción inmediata de las personas involucradas. Pero no debemos detenernos en este punto. Muchos occidentales se inquietan por la idea de que practiquemos la integración con los estados negativos, pues les preocupa que al parecer estemos justificando el daño que hace nuestra negatividad a los demás simplemente para cambiar nuestro estado interior, en lugar de hacer algo realmente en relación con el mal que comentemos, ya sea trabajando para prevenirlo o compensándolo. Pero el objeto de integrarnos con los estados negativos no es justificar la acción incorrecta. Más bien, es la mejor manera de minimizar el daño y finalmente superar la negatividad. Si todos nosotros domináramos la práctica de integración, no habría daño o mal, pues estaríamos en el estado no dual, y en el estado no dual no podemos causar daño.

Es también importante integrar la presencia con sonidos externos. Cuando comenzamos a practicar *zhiné*, sonidos tales como el canto de los pájaros o los gritos de los niños pueden distraernos, pero una vez que hemos desarrollado nuestra práctica, éstos no pueden sacarnos de la presencia. Luego podemos tratar de integrar la presencia con los sonidos de nuestro entorno.

Finalmente, hay que tratar de aplicar la presencia a las actividades de la mente. Una vez más, debemos empezar con actividades virtuosas, como el hacer *guru yoga*, purificación, visualizaciones tántricas y transformaciones, y observar si estos movimientos de la mente nos pueden distraer de la contemplación. Al darnos cuenta de que permanecemos en el estado de presencia, podemos intentar la integración de acciones neutras, como pensar en salir a caminar o llamar a alguien para hacer algún plan. Por último, pasamos a las acciones no virtuosas, como enojarnos con alguien. Las principales acciones mentales no virtuosas son los llamados cinco venenos. Éstos son: el apego a las personas y a las cosas; la ira, que puede manifestarse incluso cuando el solo ver a determinada persona nos provoca una sensación desagradable; el orgullo, que puede mostrarse no sólo al pensar que somos muy importantes, sino también cuando pensamos que somos la peor clase de personas; los celos que incluyen todo tipo de comparaciones y competencias, y la ignorancia, que significa no entender la condición real. Entonces, en relación con la mente, comenzamos tratando de integrar las acciones virtuosas, luego pasamos gradualmente a las acciones neutrales, y finalmente, a los cinco venenos. En esta forma, la mente en su totalidad, con todos sus pensamientos –buenos, malos y neutrales– se integra con el estado de presencia.

Sin embargo, es importante determinar si realmente integramos la presencia con las acciones y no simplemente creer que estamos presentes cuando de hecho las acciones nos están distrayendo. Tratemos de darnos cuenta de si hay continuidad de la presencia. Esa conciencia que nos asegura que hay continuidad de la presencia es como un ayudante secreto que comprueba si hay o no presencia. Se le llama *dren shé* (*dran shes*) y es un tipo de atención.

Respecto a la integración con los movimientos de la mente, según el *Zhang Zhung Nyan Gyud*, hay 84,000 pensamientos o movimientos de la mente cada día; sin embargo, lo importante no es el número de pensamientos que surjan sino cómo nos ocupamos de ellos. En realidad, hay sólo una manera de tratar con ellos y esta es que no nos distraigan; lo cual pude lograrse de tres maneras: permanecer en la presencia, no seguirlos o crear más pensamientos (como el pensamiento de no seguirlos) y no permitir que influyan en nosotros (en este caso no es cuestión de seguir o no los pensamientos, sino de no permitir que éstos nos desvíen). En esta forma, todos nuestros 84,000 movimientos de pensamiento, ya sean burdos o sutiles, así como nuestras pasiones, ya no son como los de una persona ordinaria; son diferentes en cualidad y sirven para nuestra práctica.

Hasta aquí hemos hablado de cómo integrar la presencia con el cuerpo, el habla, la mente y las acciones, en todos sus

aspectos diferentes: virtuosos, neutrales y no virtuosos. ¿Qué
nos queda? Hay estados emocionales como la timidez o la tristeza. Por ejemplo: cuando sentimos timidez, podemos tratar
de integrarnos plenamente con esta condición y así descubrir
que no hay una timidez real. También hay momentos en los que
nos sentimos infelices: también es importante integrar esta
condición Si nos podemos integrar con la tristeza, penetrando
completamente en ella, descubrimos que no existe la tristeza:
el poder permanecer conscientes en la tristeza es de gran ayuda para las situaciones comunes de la vida, así como también
para nuestra práctica. Sin embargo, es importante tener en
cuenta que el meramente superar los estados de tristeza no es
el propósito de la práctica.

Es de suma importancia para nuestra práctica el estado de
conciencia despierta súbita llamado "*hedawa*". Podemos tener
momentos de esta conciencia en la vida diaria, por ejemplo, si
alguien de repente grita cerca de nosotros, o cuando vomita-
mos. Estos momentos de conciencia súbita son muy importantes para nuestra práctica. Cuando estas cosas suceden en la
vida ordinaria, usualmente no logramos mantener la autoconciencia; no obstante, para nuestra práctica es sumamente importante permanecer en el estado de presencia y conciencia en
estas situaciones, porque ellas, momentáneamente, penetran a
través de la capa de la mente conceptual y nos revelan un estado más fresco de la conciencia.

INTEGRACIÓN DE LA PRESENCIA
CON LAS CIRCUNSTANCIAS Y LAS PASIONES

Debemos ser capaces de integrarnos con todas las circunstancias en cualquier situación. En Dzogchen no hay nada a lo

cual renunciar: debemos integrarnos tanto con lo positivo como con lo negativo. Ser capaces de hacer esto es ser verdaderos practicantes de Dzogchen. Pero debemos comprender que ser libre para hacerlo todo significa también ser libre para dejar de hacer cosas; de otro modo, el sentir que debemos "hacerlo todo" se vuelve otra forma de condicionamiento.

A fin de lograr la realización completa, debemos integrar todo lo que nos rodea en el mundo exterior, pero no debemos detenernos en este punto. Es muy importante integrarnos con nuestras pasiones. Si nos enojamos, debemos aprender a integrar el enojo; de otro modo, simplemente volvemos a hacer todas las cosas que solemos hacer cuando estamos condicionados por el enojo. Si esto sucede, la energía del enojo no nos sirve para nada en nuestra práctica. De la misma manera, debemos integrar todos los estados emocionales de alegría y tristeza, duda y expectativa, todos los obstáculos emocionales, absolutamente todo lo que ocurre en el estado de vigilia y en el estado de sueño. Finalmente, en el momento de la muerte, debemos integrarnos con la muerte misma. Ésta es la integración fundamental, y con ella se logra la realización.

TRES NIVELES DE INTEGRACIÓN

Un texto del *Zhang Zhung Nyan Gyud* llamado "El Espejo de la Mente Luminosa" describe tres maneras de integrar las actividades diarias con la presencia. Éstas corresponden a los tres niveles de practicantes. A fin de simplificar su comprensión, podemos ponerlas en una tabla.

INTEGRACIÓN

Practicante	Perspectiva	Estado	Formas de liberación	Ejemplo
Superior	Absoluta	Continuidad en el el estado de contemplación	Autoliberación auto-originada de las pasiones. Simultánea y sin esfuerzo	Copos de nieve disolviéndose en el océano
Medio	Meditación	Aplicación de la sabiduría de la meditación en los períodos de postmeditación	Observación y reconocimiento de las pasiones para liberarlas. Cierto esfuerzo	Rayos del sol derritiendo el hielo
Inferior	Atención	Aplicación de la conciencia conceptual atenta a las acciones	Reconocer las pasiones y no seguirlas. Aplicación de un esfuerzo de atención plena	Dar inmediatamente en el blanco

En el nivel más elevado, como practicantes superiores, ejecutamos todas nuestras acciones mientras permanecemos constantemente en el estado de presencia no dual. Si no tenemos esta capacidad, entonces, en el nivel intermedio, como practicantes medios, aplicamos a todas nuestras acciones la sabiduría de la meditación. Si no somos capaces de hacer esto, entonces, en el nivel bajo, como practicantes inferiores, hacemos un compromiso de llevar a cabo las actividades de nuestra vida diaria con la intención atenta de beneficiar a los seres sintientes.

Los tres niveles de perspectiva (*lta ba*) que corresponden a los niveles anteriores son: la perspectiva final o absoluta; la perspectiva individual o de meditación, y la atención o perspectiva de la conciencia conceptual.

La primera es la perspectiva más elevada y corresponde al practicante más elevado. Aquí hay una integración de todas las acciones con el estado absoluto de la presencia no dual. Esto significa que, sin esfuerzo, somos capaces de permanecer en el estado de contemplación y de obtener sabiduría absoluta y cognición no conceptual en cada acción que efectuamos. En este nivel podemos aplicar el dicho tibetano, "No meditar es la mejor meditación", porque la meditación siempre implica un esfuerzo para controlar y dirigir la mente. Se cuenta la historia de un hombre que le preguntó a un maestro de Dzogchen: "¿Qué es lo que practicas?" El maestro contestó: "No hay nada que practicar." Yo también pienso que no hay nada que practicar. Practicar o no practicar, ¿cuál es la diferencia? Una vez que llegas al estado de conocimiento, estás más allá de practicar o no practicar. En términos de la percepción sensorial, hablamos no sólo de experimentar la forma exterior de los objetos de los sentidos sino también de percibir y experimentar su espacio interior, que es su vacío inherente. En este caso, integramos directamente sujeto y objeto a la condición vacía de la mente a través de nuestra conciencia de los seis sentidos y el vacío inherente de la existencia fenoménica.

Si en cada acción que ejecutamos no somos capaces de integrar directamente la contemplación con nuestra experiencia, debemos comenzar entonces en el segundo nivel, el del practicante medio que medita y recurre al esfuerzo de la observación introspectiva. Al hacer un esfuerzo para permanecer en el estado de contemplación, lo que hacemos es aplicar la perspectiva y la sabiduría de la meditación a los movimientos sutiles de energía, durante e inmediatamente después de nuestras sesiones de práctica. Un proverbio tibetano dice: "A través de la meditación el practicante observa y se libera en forma natural." Si no somos capaces de hacer esto, entonces debemos comenzar por el tercer nivel, el nivel más bajo y humilde, en el cual trabajamos con la perspectiva de la atención consciente y aplicamos la atención conceptual a todo lo que hacemos con nuestro cuerpo, decimos con nuestra voz y pensamos con nuestra mente. En este caso, tan pronto como notamos que estamos distraídos, aplicamos un mayor esfuerzo de atención para regresar al estado de conciencia contemplativa y, por razonamiento conceptual, tratamos de integrar al estado de contemplación el pensamiento o pasión que nos distrae.

En términos prácticos, el tercer nivel es el más útil para comenzar, en función de la comunicación con las demás personas, y porque nos permite tener una conciencia directa de los demás. Si tratamos de aplicar de inmediato el nivel más elevado, suele suceder que vivimos una especie de fantasía sobre la verdad absoluta del vacío y sobre la irrealidad de los fenómenos y, por lo tanto, descuidamos la práctica de la verdad relativa de la compasión hacia los demás; dejamos de desarrollar conciencia de nuestra propia condición y de la condición de los demás en el plano dualista. De hecho, éste es el paso principal y necesario para la integración más elevada. Es mejor partir de la perspectiva de la atención y desarrollar la atención conceptual, para poder desecharla gradualmente y finalmente lograr la capacidad de integrar la conciencia no conceptual con las acciones.

Las tres formas de integrar la contemplación con las acciones corresponden a los practicantes de habilidad superior, media e inferior.

El practicante superior, ya sea maestro o discípulo, tiene mayor capacidad de ocuparse de las acciones del cuerpo, de la voz y de la mente, desde la perspectiva absoluta, en la que ya no hay ni *samsara* ni *nirvana* sino vacío total. Es como actuar en sueños, donde no hay muerte ni miedo a la muerte. Esta perspectiva está más allá de todos los límites, así que todas las acciones son buenas. Como en la condición dual nadie está libre de limitaciones, es importante no juzgar las limitaciones de otros, sino más bien tratar de ver las propias, y en particular, verlas de acuerdo con la perspectiva final. Sin embargo, si tratamos de actuar de acuerdo con esta perspectiva final antes de estar preparados para ello, nos confundiremos porque todavía somos limitados. Intentar actuar desde la perspectiva final únicamente aumentaría la dimensión de nuestras limitaciones, en lugar de ser una forma de escapar definitivamente de la limitación fundamental.

El practicante medio se ocupa de las acciones del cuerpo, habla y mente, reconociendo los objetos de los seis sentidos; liberándolos al aceptarlos, sin aferrarse conceptualmente a estas percepciones sensoriales. Por ejemplo, la conciencia del sentido de la vista y la cognición conceptual perciben el color blanco en forma diferente. Liberar la percepción sensorial quiere decir no perseguir la percepción con los pensamientos, y por lo tanto, no aferrarse a la cognición conceptual. Esto corresponde a una perspectiva individual de meditación, en la que integramos las acciones al percibirlas sin apegarnos; al no seguir las percepciones con el pensamiento, las liberamos. De hecho, no son las percepciones sino la mente la que crea los apegos y los problemas, al juzgar y escoger. En general, en situaciones simples donde hay pocas opciones, hay menos deseo y apego y por lo tanto menos confusión, menos complicaciones y menos condicionamiento.

Otros sistemas, como el Sutra, no consideran importantes las conciencias sensoriales, pero en Dzogchen se las considera muy importantes, porque la presencia de la mente se manifiesta a través de todas las conciencias de los sentidos; es a través de las conciencias sensoriales como podemos descubrir la presencia en nuestra práctica. De hecho, es más fácil descubrir y darnos cuenta de la presencia que surge por sí sola a través de la percepción fresca e inmediata de los sentidos que a través del pensamiento, el cual elabora la percepción mediante la conceptualización. Cuando hay mayor presencia con mayores sensaciones, existe más el sentimiento de integración. Según el sistema Sutra, las conciencias de los sentidos y sus objetos surgen simultáneamente del movimiento de una huella kármic en un momento previo de la mente. Según Dzogchen, la conciencias de los seis sentidos son una manifestación de *Nirmanakaya*. Y según el *Zhang Zhung Nyan Gyud*, "de la sabiduría autoconsciente innata que es luz, a través de los movimientos de energía, surgen las conciencias de los seis sentidos y la conciencia de los objetos de los seis sentidos"; es decir, éstas, surgen de la presencia (*rigpa*). Cuando permanecemos en la presencia, la conciencia del sentido de la vista percibe la luz; la conciencia del sentido de la vista no es autoconciencia, pero percibe a través de la presencia.

El gran maestro del siglo VIII Dranpa Namkhai daba este consejo: las conciencias de los cinco sentidos no deben perseguir los cinco objetos, y si los siguen, no deben hacer juicios mentales, no te aferres a ellos como tuvieran existencia inherente; y si te aferras a ellos, no los conviertas en una pasión densa.

Él señalaba los momentos por los que atravesamos cuando tenemos un problema en la práctica; aconsejaba interrumpirla y regresar nuevamente al punto donde habíamos percibido por primera vez un objeto y simplemente observarlo tal como es, sin involucrarnos cada vez más con él. Este consejo es especialmente útil para el practicante inferior, cuya práctica y comprensión son débiles. En este caso, cuando percibimos a través de las conciencias de los seis sentidos, deberíamos tratar de reconocer al sujeto que percibe y lo percibido; cuando logramos hacer esto, vemos el objeto como a través de un espejo, reconocemos el espejo y el objeto en el espejo. Mirar al espejo quiere decir mirar el objeto como el reflejo de nuestra presencia natural. De hecho, no debemos distraernos ni por un momento, ni siquiera durante el tiempo que toma el hacer tronar los dedos.

Como practicantes inferiores trabajamos al nivel de la presencia mediante la atención, aplicando la conciencia conceptual a los actos que efectuamos en las situaciones cotidianas —en nuestra relación con el maestro, con otros discípulos, con nuestra familia–, procuramos que nuestras acciones sean positivas al tener conciencia de cómo generan buenos o malos efectos en los demás y en las situaciones de nuestro entorno, en la tierra y en el medio ambiente. En realidad, esta clase de atención constante y alerta es mucho más poderosa y efectiva que la recitación de mantras. El estar conscientes de los demás es un antídoto para las acciones negativas, y el trabajar con nuestra mente en esta forma provoca en nosotros un cambio positivo.

La tercera columna en la tabla se titula "estado". Como practicantes superiores en el nivel absoluto, practicamos de manera tal, que hacemos un esfuerzo mental, permaneciendo, en todas las actividades, de manera continua y sin distracciones en el estado contemplativo de la presencia no dual, no conceptual. Todo lo que hacemos tiene lugar en la conciencia total innata; nada de lo que sucede está separado de esa conciencia; todo se integra. Hay una continuidad de la conciencia cuando pensamos, cuando nos movemos, cuando comemos y en todas nuestras actividades. Si no tenemos esta capacidad, eso quiere decir que nuestra práctica está confinada a períodos limitados de tiempo. Como practicantes individuales en el nivel de la meditación individual, esto es, como practicantes medios, efectuamos la introspección meditativa, en la cual la mente es como un espejo que refleja las percepciones. No nos aferramos a las percepciones ni las juzgamos. Al no juzgarlas ni aferrarnos a ellas, las liberamos. En el nivel de una atención consciente, como practicantes inferiores, aplicamos la atención conceptual a las acciones para no seguirlas con los pensamientos. Desde el punto de vista de la contemplación absoluta, todas las acciones suceden y se autoliberan en el estado sin acción. Desde la perspectiva de la meditación individual, las acciones se liberan cuando se las percibe sin apegarse a ellas; desde la perspectiva de la atención, las acciones se liberan cuando se dirige hacia ellas la atención de la conciencia conceptual.

TRES FORMAS DE LIBERACIÓN

En las siguientes columnas se enumeran las formas o estilos de liberación y sus ejemplos. Según el nivel del practicante, hay tres estilos de liberar los pensamientos o pasiones cuando surgen. El practicante superior tiene la máxima comprensión de la base fundamental (*kunzhi*), origen de *samsara* y *nirvana*, que es donde ambos, *samsara* y *nirvana*, se perfeccionan a sí mismos. No necesitamos hacer nada para liberar los pensamientos porque no hay juicios en este estado. Estamos totalmente integrados en la presencia; así que no hay limitaciones para nuestras actividades. Este estilo de liberación es la liberación primordial o autoliberación auto-originada. Aquí, los pensamientos y las pasiones se autoliberan espontáneamente en el espacio vacío de la mente, de una manera simultánea y sin esfuerzo, en el momento mismo en que surgen. Éste es el estado de la realización completa de los maestros de Dzogchen, que caminan, hablan, comen y hacen todo sin distraerse ni verse influidos por los pensamientos.

En el segundo nivel, el del practicante medio, la liberación es por auto-observación cuando surge una percepción de los sentidos o una pasión, como la ira. En este caso, hay un esfuerzo implicado, porque hacemos algo para tratar de integrarla: cuando nos enojamos, tratamos de permanecer en el estado de contemplación o tratamos de observar la pasión y liberarla dentro de nosotros mismos. La liberamos cuando vemos que la naturaleza real de la pasión es el vacío, así como la naturaleza real de nuestra mente es el vacío. El observador y la pasión observada se disuelven al instante, nos encontramos nosotros mismos en esa unión y tratamos de permanecer en esa unión con conciencia. Tratamos de ver las cosas tal como son, en lugar de dejarnos llevar por la pasión. Este estilo de liberación se llama liberación en el momento del surgimiento. Requiere del esfuerzo de la observación y el reconocimiento de la pasión, pero no del uso de un antídoto (como el amor o la renunciación para superar la ira, en el sistema sútrico, o como la visualización de una deidad en el sistema tántrico), para autoliberarnos.

En el tercer nivel, del practicante inferior, existe la mayor dificultad para integrarse con el estado de contemplación y para autoliberar los pensamientos y las pasiones. Aquí, debemos tratar de trabajar más con la conciencia despierta en relación con el cuerpo y los sentidos, reconociendo cuándo surgen las pasiones sin tratar de seguirlas. Por ejemplo, cuando surge una pasión, podemos trabajar con ella preguntándonos si tiene efectos benéficos o dañinos para nosotros y para los demás. No basta con reconocer, simplemente, que surge una pasión como la ira, porque cuando nos enojamos es fácil olvidar todos nuestros planes de trabajar con ella. Debemos reconocer que la pasión es ilusoria como un sueño; por eso la atención debe estar alerta. Ésta es la liberación a través de la simple atención alerta y requiere del esfuerzo de aplicar la atención a fin de no seguir los pensamientos y las pasiones.

Podemos tomar como ejemplo la percepción sensorial cuando escuchamos un sonido. Si la conciencia del sentido del oído escucha un sonido, ya sea agradable o desagradable, hay tres maneras de abordar esto. La primera, la del practicante superior, es permitir que el sonido se autolibere, liberándolo al dejarlo en el estado de presencia en cuanto surge. Ésta es la autoliberación natural. La segunda, la del practicante medio, es liberar el sonido al reconocerlo cuando surge; esto es "autoliberación en el momento del surgimiento". La tercera, la del practicante inferior, es no seguir deliberadamente la percepción sensorial con la mente cuando aquélla surge. Esto es "autoliberación por la atención plena".

Para la persona ordinaria, cuando surge una pasión, no hay práctica ni presencia. Pero es posible hacer práctica con las pasiones en tres etapas. En la primera, cuando surge una pasión, uno se acuerda de practicar y es capaz de permanecer consciente cuando ocurre la pasión. En la segunda, uno espontáneamente se integra con la pasión y comienza a sentirse cómodo con su presencia. Por último, en la tercera, la pasión debería de hecho despertar la presencia y ayudarnos a permanecer en la presencia, haciéndola más estable y profunda. Somos seres humanos y debemos vivir las cinco pasiones, que son las expresiones de la energía de nuestra propia naturaleza kármica. Si somos capaces de entender su naturaleza, entonces se vuelven un ornamento de nuestra práctica. Esta identidad de la presencia y la pasión es el principio conocido como "sabor único".

Hay tres ejemplos de las tres diferentes formas de integración o liberación de las pasiones. En el caso del practicante superior, la base de la mente (*kunzhi*) se compara con un océano, y la pasión, que surge del espacio vacío de la mente, se compara con un copo de nieve que cae en el océano. El copo de nieve es de la misma naturaleza que el océano, así como la pasión es de la misma naturaleza vacía de la mente. El océano disuelve e integra automáticamente y sin esfuerzo el copo de nieve, así como el practicante superior integra y libera sin esfuerzo todas las manifestaciones de los movimientos de la mente: los pensamientos y las pasiones surgen, permanecen y se liberan sin esfuerzo en la base *kunzhi*.

Hay otro ejemplo que se aplica a esta autoliberación sin esfuerzo: una serpiente anudada es lanzada al aire, y sin esfuerzo se desanuda a medida que cae al suelo. Este ejemplo fue atacado por un académico gelugpa que criticó el Dzogchen. Él decía que el ejemplo era inadecuado, porque la serpiente anudada tirada al aire no es la misma serpiente que se desanuda a medida que cae al suelo. No es la misma serpiente, en el sentido de que la serpiente no existe permanentemente sino que cambia de un momento a otro. Sin embargo, en Dzogchen no decimos que el ejemplo de la serpiente sugiera la existencia de un ego permanente, sino que hay una continuidad de momentos de existencia en el ego. Por ejemplo: si encargamos un anillo a un orfebre, debemos pagarle cuando nos entregue el anillo. Pero ¿le estamos pagando a la persona equivocada?, ¿es el mismo orfebre que hizo el anillo? No es el "mismo" orfebre, sino una continuidad de ese orfebre. Ésta es igual a la continuidad de la serpiente: es importante reconocer esta continuidad del ego para entender la autoliberación.

En el caso del practicante medio, el surgimiento de una pasión se compara con el hielo que necesita calor para fundirse. El calor es el observador de la mente que funde la pasión; así pues, se necesita algún esfuerzo para la observación y el reconocimiento de la pasión que surge y se disuelve. Esto implica un esfuerzo. No basta con decir, "Ésta es la autoliberación", porque eso no funciona: tenemos que hacer algo.

En el caso del practicante inferior, he ideado un ejemplo, además del que se encuentra en el texto original: éste ilustrará cómo los elementos de las enseñanzas pueden cambiar con las circunstancias cambiantes. En las ferias (y también en los casinos de juego) en Estados Unidos hay un juego que consiste en pegar con un martillo en blancos que tienen la forma de cabezas. Si eres rápido, hay tiempo suficiente para pegarles a todas las cabezas tan pronto como aparecen. Cuando jugué este juego, me pareció una buena analogía del surgimiento de los pensamientos. Si no somos capaces de continuar en el estado de contemplación o de integrar las pasiones cuando surgen en la vida diaria, entonces debemos tratar de notarlas y de alguna manera ocuparnos de ellas después de que surgen, para así "pegarles a las pasiones". El ejemplo tradicional del texto dice que debemos llegar a un acuerdo entre nosotros mismos y nuestros pensamientos y pasiones. Por ejemplo: si surge una pasión como los celos, hablamos con ellos y les preguntamos, "¿Por qué estás tan alterado? ¡No hay necesidad de que aparezcas en ese estado y me perturbes!" Tratamos de observar la pasión y comunicarnos con ella y mostrarle que no hay razón para que venga a perturbarnos. De esta manera llegamos a un acuerdo con ella, con nosotros mismos y con los pensamientos inútiles o innecesarios que perturban nuestra vida y nuestra práctica. Si no somos capaces de integrar en las formas superior o media, entonces debemos tratar de llegar a un acuerdo con nuestros pensamientos, a fin de tener una buena base como practicantes y también como seres humanos.

Con respecto a las tres formas de autoliberación de las pasiones, si somos practicantes inferiores, no debemos pensar que cada vez que surge una pasión como el enojo, hay autoliberación del enojo porque hemos escuchado muchas enseñanzas Dzogchen sobre integración y autoliberación de las pasiones y porque nos consideramos practicantes de Dzogchen. Debemos buscar y aplicar una práctica precisa, conveniente para nuestra capacidad y situación, a fin de liberar e integrar las pasiones; de otra manera, nos engañamos a nosotros mismos. Sin embargo, si la autoliberación no funciona para nosotros, esto no quiere decir que no sea válida: es válida para el practicante superior. No funciona para nosotros porque no hemos desarrollado todavía esa capacidad, porque hacemos juicios duales y estamos muy condicionados por las circunstancias.

CONSEJOS PRÁCTICOS SOBRE LA INTEGRACIÓN

Es muy importante descubrir, a través de la auto-observación, el nivel de integración que somos capaces de practicar y aplicar; de otro modo habrá una brecha entre las enseñanzas Dzogchen y nuestras aspiraciones como practicantes de Dzogchen. Cuando, en 1989, mi maestro Löpon Tenzin Namdak impartió en Italia las enseñanzas del *Zhang Zhung Nyan Gyud*, dijo: "La enseñanza es Dzogchen, nosotros no somos Dzogchen." Estaba hablando de la brecha entre la explicación del estado o base dada en las enseñanzas y la condición dual en la cual vivimos con nuestra mente conceptual. Podemos ver fácilmente si hay una brecha cuando una pasión como el enojo surge. Cuando recibimos enseñanzas, aprendemos sobre la integración y la autoliberación, pero a menudo no hay una relación funcional entre lo que hemos aprendido en las enseñanzas sobre las pasiones y lo que pasa dentro de nosotros cuando surge una pasión como el enojo. Esto quiere decir que las enseñanzas no están funcionando, que el enojo que sentimos no corresponde con el enojo del cual hablamos conforme a las enseñanzas. En términos prácticos, es la brecha de la que hablaba mi maestro. En el momento en que surge una pasión, nos olvidamos de todas las explicaciones. Para eliminar esta brecha, cuando tratamos de aplicar la integración es importante no seguir ciegamente lo que nos dicen los textos sobre la autoliberación; más bien, primero hay que mirar nuestra propia condición y determinar en qué etapa de la práctica estamos, qué tipo de practicante somos, y, entonces, aplicar la perspectiva y la práctica apropiada. Es como si estuviéramos enfermos: debemos encontrar qué enfermedad tenemos y qué tipo de medicina debemos tomar. Entonces, el primer paso que debemos dar hacia la integración es determinar en qué nivel debemos trabajar y no tratar de aplicar inmediatamente la perspectiva más elevada de las enseñanzas sobre integración y autoliberación; de lo contrario, surgirá la brecha entre la enseñanza y nuestra capacidad de aplicarla en nuestra vida; así, la integración es una cosa, y lo que hacemos es otra. Debemos conectar lo que aprendemos sobre la liberación de las pasiones en la enseñanza con lo que experimentamos en realidad cuando sentimos que surgen las pasiones.

Si encontramos que somos incapaces de integrar nuestras pasiones, esto es probablemente porque estamos confundidos respecto a nuestro nivel. En lugar de aplicar la práctica adecuada, tratamos de aplicar una práctica superior cuando todavía estamos en un nivel inferior. Esto puede llevarnos incluso a interrumpir o a abandonar la práctica, diciendo, "Esta práctica no funciona", cuando en realidad somos nosotros quienes no la aplicamos en la forma correcta.

De hecho, es mejor empezar con la práctica del nivel más bajo: la atención alerta sobre todas las acciones del cuerpo, la voz y la mente. A veces podemos observar cómo solamente nos damos cuenta de las acciones de nuestro cuerpo después de que las hemos realizado. Por ejemplo, puede ser que al salir de una sala de meditación accidentalmente patee yo a alguien, luego maldiga a otra persona que me estorba el paso y, por último, piense mal de ambas personas ¡incluso antes de cruzar la puerta! He realizado estas acciones negativas del cuerpo, la voz y la mente con distracción, lo cual genera problemas dentro de mí. De hecho, si pateo a alguien, yo mismo me estoy pateando, como en el dicho tibetano: "Si golpeas una piedra con mantequilla, la mantequilla pierde; si golpeas la mantequilla con una piedra, la mantequilla pierde." Al final, siempre soy yo el que pierde. A menudo hacemos cosas negativas, no con malas intenciones, sino porque no estamos atentos, pero el efecto es el mismo. Entonces, cuando comenzamos a practicar debemos desarrollar la atención, es decir, el pleno esfuerzo de atención hacia las acciones que ejecutamos, como un tipo de base. El desarrollar este nivel inferior de la práctica de integración nos ayuda a desarrollar nuestra capacidad hacia el segundo nivel, en el cual la integración requiere únicamente un ligero esfuerzo de observación simple y el reconocimiento. Cuando hemos desarrollado esta cualidad, el permanecer en contemplación no requiere esfuerzo, y la integración se vuelve espontánea. Pero si no dominamos la simple atención, estoy seguro de que nos será muy difícil alcanzar la continuidad de la conciencia, porque eso significa que no estamos aplicando lo básico. No estamos aplicando la atención, sino que tratamos de entender intelectualmente la continuidad en el estado de contemplación. A menudo pasamos todo nuestro tiempo como practicantes tratando de permanecer en el estado de contemplación, sin tratar primero de averiguar qué debemos hacer a fin de realmente lograrlo.

Lograr la realización no es un camino tan largo, si somos capaces de integrar todos nuestros movimientos de energía en nuestra práctica, porque entonces cada acción es gobernada por la presencia y se vuelve un paso en el camino y una expresión de virtud. Practicar no es sólo sentarse en meditación, recitar mantras o cantar. Lo más difícil es aplicar la práctica a nuestra vida diaria, trabajar con nuestra energía en todas las situaciones de nuestra vida, con todas nuestras percepciones sensoriales, con cada persona con la que nos encontremos, ya sea que queramos encontrarnos con ella o no.

CAPÍTULO 9

KUNZHI
LA BASE DE TODO

Kunzhi es como el cielo
en las dimensiones sin límite.
La sabiduría inherente brilla como el sol en todas las
direcciones.
Las manifestaciones de los tres kayas
brillan infinitamente como rayos del sol.

KUNZHI Y LA EXPERIENCIA PERSONAL

Cuando oímos hablar de la base primordial explicada en el contexto de Dzogchen, es bueno comparar esa explicación con nuestra propia experiencia de la base, obtenida a través de la práctica y de la introducción por el maestro. Entonces la explicación tendrá sentido y será algo que podremos realizar en nosotros mismos. Si no tenemos aún nuestra propia experiencia directa de la base primordial, conviene hacer la práctica *zhiné* y encontrar la experiencia por nosotros mismos, en lugar de formarnos ideas conceptuales a partir de las explicaciones.

En Dzogchen, el *kunzhi* es la base de todo y corresponde a la sabiduría que surge de sí misma y al principio de la iluminación. Esta explicación no es la misma que la de *kunzhi* o "*alayavijnana*" en el sistema sútrico *Cittamatra*, el cual describe *kunzhi* como una especie de conciencia mental que contie-

ne todas las categorías de pensamientos y los residuos kármicos que dan lugar a las tendencias y acciones virtuosas y no virtuosas.

En el *Zhang Zhung Nyan Gyud* la cualidad de permearlo
todo propia de *kunzhi* se simboliza por el espacio sin límites
de extensión y dirección. El espacio es la base infinita de toda
la experiencia. Por "espacio" queremos decir el espacio externo
del cielo, el espacio vacío interior de la mente y el espacio que
ocupan los objetos. Por lo tanto, según las enseñanzas Dzogchen, este espacio no está limitado al espacio exterior ni al espacio de la mente. De hecho en el *kunzhi* no hay distinción
entre dentro y fuera. Cuando una forma existe, como una casa, esta forma crea la diferencia entre dentro y fuera, es decir,
el espacio dentro de la casa y fuera de ella. El espacio interior
parece plasmarse de acuerdo con la forma de la casa: hablamos
de espacio cuadrado, triangular, oval o redondo. El *kunzhi* penetra de manera uniforme y total en *samsara* y *nirvàna*, no se
divide en interno y externo. Es la mente dual ordinaria la que
hace distinción entre *kunzhi* interior, el estado de no ser del individuo que es la naturaleza vacía de la mente, y *kunzhi* exterior, que es la realidad absoluta de toda la existencia. En realidad estos límites no existen. Así como la sabiduría, surgida de
sí misma, de *kunzhi* penetra la mente de los seres sintientes,
también penetra toda la existencia fenoménica y todo el universo. Se expande y disemina en todas las direcciones sin distinción entre lo interno, lo externo, el centro o el límite.

Un símil en el *Zhang Zhung Nyan Gyud* compara el *kunzhi* de la mente con el cielo, en el cual el sol, que representa la
conciencia innata, brilla claro y libre de pensamientos, los cuales se asemejan a las nubes. En esencia no hay diferencia entre
el cielo y el sol, así como no hay separación entre la luz del sol

y el cielo. Somos capaces de darnos cuenta de la naturaleza de *kunzhi* porque *rigpa* se manifiesta en el espacio vacío de la mente.

Pero si *kunzhi* es omnipenetrante, dentro y fuera de la mente, ¿por qué la presencia no se manifiesta en los fenómenos materiales externos, como lo hace en la mente? Podríamos decir que esto se debe a que la conciencia no está presente en los fenómenos materiales externos. El sol brilla en el cielo, pero se refleja únicamente en objetos como los cristales, y no en objetos como las piedras, que no tienen la potencialidad de reflejar la luz. De la misma manera, la conciencia sólo puede manifestarse en las mentes de los seres sintientes que tienen el potencial para reflejarla; los fenómenos materiales externos no tienen este potencial.

Si se piensa que hay una contradicción entre el hecho de que el *kunzhi* es "la esfera única de la totalidad" y el hecho de que penetra todas las cosas, esto puede refutarse con el ejemplo del sol, que se refleja en todos los mares y ríos. Que haya muchos reflejos no quiere decir que haya muchos soles.

Y si pensamos que hay una contradicción entre el hecho de que *kunzhi* es primordialmente puro y el hecho de que a la vez es el depósito de los residuos kármicos y la fuente de la ignorancia, esto puede refutarse si entendemos que la base no tiene el dualismo de pureza e impureza, el cual surge en la mente cambiante que hace las distinciones. Por ejemplo: el espacio puede estar contaminado, pero la contaminación está en la mente del observador. El espacio en sí mismo permanece como espacio y no cambia por estar contaminado. De la misma manera, la conciencia penetrante permanece pura; la ignorancia y los oscurecimientos surgen en la conciencia despierta, que hace la distinción entre comprensión e ignorancia. En el *kunzhi*, tanto *samsara* como *nirvana* se perfeccionan espontáneamente.

Podríamos decir que la creatividad samsárica del individuo funciona como una empresa: nuestra conciencia de la base *kunzhi* es nuestra cuenta bancaria emocional, en la que guardamos nuestras experiencias y residuos kármicos y creamos nuestra personalidad. Es como los libros de registro empresariales, que como receptáculos están vacíos, pero reciben el producto de las transacciones de la empresa. Nuestra conciencia mental, motivada por deseos samsáricos, determina nuestros propósitos y finalidades. Es como el presidente de la empresa, que determina las metas corporativas y delega responsabilidades, motivado por la necesidad de poder y de ganancias. Nuestra conciencia oscurecida es la mente que retiene sus experiencias y se apega a ellas, y no las deja autoliberarse. Es como el tesorero o el experto en eficiencia que guarda celosamente los fondos de la compañía. Nuestros cinco sentidos, dirigidos por los deseos y propósitos de la conciencia mental, rigen nuestras relaciones con el mundo. Son como los ejecutivos y empleados que median entre el presidente de la compañía y el mercado.

En otro símil del *Zhang Zhung Nyan Gyud*, *kunzhi* se compara con el espacio, y *rigpa*, con un pájaro; la mente cambiante son sus alas, y el cuerpo es una red. Semejantes al pájaro apresado en una red, la mente y el cuerpo están unidos por causas kármicas; pero cuando la red se rompe, el pájaro y la red se separan, y aquél vuela. De la misma manera, cuando una persona muere, la mente y el cuerpo se separan. Sin embargo, aunque la red y el pájaro se separen, nunca están separados del espacio: tanto la condición de estar unidos como después su separación tienen lugar en el espacio. Del mismo modo, la mente y el cuerpo nunca se separan de la base *kunzhi*. Aquí el espacio representa la omnipresencia de la base y de la conciencia primordial, siempre presente en la mente, independientemente de si la conciencia despierta está presente o distraída.

CAPÍTULO 10

MA
LA MADRE

Las concepciones erróneas e ignorantes difieren
de la sabiduría primordial,
en que conceptualizan defectos y rasgos
de samsara y de nirvana.
Dentro de la base esencial, éstos no son dos.

MA, BU Y TSAL

En el *Zhang Zhung Nyan Gyud* hay una doble explicación de
la base del estado primordial: primero, una breve presentación
de las enseñanzas esenciales y, segundo, una exposición de la
generación de la luminosidad. La explicación de las enseñanzas esenciales se da en tres secciones: la esencia de las enseñanzas, la liberación a través de la actividad y la liberación de
la ilusión.

La primera de estas tres secciones explica la base del estado primordial al tratar tres tópicos: la madre (*ma*), el hijo (*bu*)
y la energía (*tsal*); la energía es la inseparabilidad de la madre y
el hijo. Símbolos como "la madre y el hijo" se usan en Dzogchen para aclarar y facilitar la comprensión. Esta tríada corresponde a la tríada ampliamente utilizada en las enseñanzas Dzogchen Nyingmapa: esencia (*ngo bo*), naturaleza (*rang bzhin*) y
energía (*thugje*). En las enseñanzas Sutra encontradas en la li-

teratura *Prajnaparamita*, en cierta medida, *ma* corresponde a la verdad absoluta; *bu*, a la verdad relativa, y *tsal*, a la unificación de las dos verdades.

Ma es el *kunzhi*, la base (*gzhi*) de todo (*kun*). Como el *kunzhi*, "*ma*" es un símbolo del vacío del estado natural, experimentado por el individuo como la esencia increada de la mente; "*bu*" es la claridad (*rigpa*) del estado natural, experimentado por el individuo como sabiduría no obscurecida, la luminosa autoconciencia de la mente. El espacio vacío de *kunzhi* es oscuro, y la luz aclaradora de *rigpa* surge e irradia *kunzhi*. El espacio permanece vacío pero luminoso: ya no está oscuro. Este rigpa luminoso que surge en el vacío del estado primordial es el hijo de la madre-*kunzhi*-espacio. Por eso se dice que *kunzhi* y *rigpa* son como madre e hijo inseparables. En el estado primordial el vacío y la claridad son inseparables. En el estado primordial el vacío no está oscurecido. El vacío es claridad, y la claridad es vacío. No podemos decir que el vacío es una cosa y la claridad otra porque, de hecho, son una sola unidad.

CUALIDADES Y ASPECTOS DEL ESPACIO

Se usa la analogía de la madre porque todos los fenómenos de la existencia nacen de la naturaleza de *kunzhi* y tienen su función y liberación en esa naturaleza. La madre es la base fundamental de todo *samsara* y *nirvana*; en el nivel absoluto, se le conoce como "*bodhichita*" y como "el espacio de la naturaleza de los fenómenos" porque tiene las nueve cualidades del espacio:

1. Infinitud
2. Cualidad de permearlo todo
3. Expansividad ilimitada
4. Sin fondo ni superficie

5. Inconmensurabilidad
6. Ausencia de contracción
7. Gran inmensidad
8. Eternidad
9. Inmutabilidad

Estas nueve cualidades del espacio también se pueden explicar como aspectos de los tres tipos de vacío absoluto o espacio: "*kha*" (*mkha*), "*long*" (*klong*) e "*ing*" (*dbying*). El espacio exterior es *kha*, concebido sin tomar en cuenta lo que contiene; long es el espacio de los objetos que existen dentro del *kha*, e ing es el espacio de la experiencia directa como tal. Estos tres pueden traducirse como espacio exterior (*mkha*), espacio interior (*klong*) y espacio secreto (*dbying*). Estos tres espacios se asocian con otros tres términos: *kha* se asocia con el espacio del "ejemplo" (*pe, dpe*); *klong*, con el espacio del "significado" (*don, don*), e *ing*, con el espacio de la "señal" (*tac, rtags*).

El espacio *kha* o pe es espacio exterior vacío, abierto como el cielo (la palabra "*mkha*" también significa cielo). El espacio *long* o *don* es el espacio de los objetos, en el sentido de que éstos también están vacíos como el cielo. Para ayudarnos a entender la naturaleza vacía de los objetos, se nos da el "ejemplo" del espacio exterior vacío, que aplicamos a los objetos. Al emplear el ejemplo del espacio vacío en los objetos, entendemos el sentido de la afirmación de que, al igual que el espacio exterior, los objetos están vacíos. Esta comprensión mental en sí misma es una señal o indicación (*rtags*) del "espacio secreto": el espacio de la mente hallado secretamente sin tratar de encontrarlo y que es también la integración de los tres espacios.

El espacio del ejemplo, *mkha*, es el espacio que nos rodea, la madre externa del hijo externo, y es la base del espacio interno de los fenómenos reales existentes. Por ejemplo, el espacio vacío (*mkha*) es la base original para la manifestación de una nube. El espacio-*mkha* hace posible el movimiento de los elementos que, a su vez, son las condiciones de posibilidad para la manifestación de una nube. Incluso, todos los elementos que producen las nubes surgen en la dimensión o estado del espacio vacío, sin que haya nunca separación entre el movimiento que da lugar al desarrollo de la nube y el espacio de la nube, desde el cual se manifiesta el movimiento. Todos los movimientos –surgimiento desarrollo, función y liberación– de la nube, que es el "hijo externo" se basan en el espacio exterior, el espacio que nos rodea, que es la "madre exterior".

El espacio del significado, *klong* o *don*, es el espacio interior y es la condición natural de los fenómenos. Todos los fenómenos, particularmente en el nivel real de las cosas existentes, se originan en el espacio interior, en el cual los elementos pueden dar origen a la producción de los fenómenos manifiestos.

El espacio de la señal está conectado con el espacio mental o secreto, también conocido como el estado búdico. Todos los pensamientos cambiantes se originan en el espacio mental interior: su surgimiento, desarrollo, función y liberación, todo, tiene lugar en la inseparabilidad de este espacio, que es el *sunyata* (vacío) de la mente.

La realidad absoluta de todo objeto, y de la mente misma, es vacío; esto se llama en Dzogchen "pureza primordial", y en los Sutras, "verdad absoluta". En el ejemplo del sol y el cristal, la base vacía de toda la realidad, la verdad absoluta de la existencia, es como el sol que brilla por doquier, mientras que la base vacía o espacio de la mente (*dbyings*) es como el cristal, que tiene la capacidad de reflejar la luz del sol. Sólo en la mente puede el vacío entenderse a sí mismo.

LA PRÁCTICA DE MIRAR EL CIELO

Es muy importante tener una comprensión experiencial, no meramente conceptual, de la inseparabilidad del espacio externo circundante, el espacio interno dentro de los objetos y el espacio secreto de la mente. Cuando las enseñanzas Dzogchen hablan de integrar la mente con el espacio a través de la práctica de mirar el cielo, el practicante está tratando de estar presente en la inseparabilidad de estos tres espacios. El motivo por el cual se hace esta práctica mirando no es que se pretenda limitar la percepción sensorial únicamente a la conciencia del sentido de la vista; es posible experimentar la inseparabilidad de los tres espacios a través de todos los sentidos. Se favorece al órgano del sentido de la vista porque es el más importante de las cinco conciencias sensoriales y porque se lo asocia con el "elemento espacio". La luminosidad interior se origina en el corazón y pasa a través de dos canales que conectan el espacio vacío del cielo con el espacio externo vacío del cielo, a través de los ojos, las "puertas de agua de la luz" interior. A través de los ojos la luminosidad interior se proyecta al espacio exterior. En esta forma se conectan el "elemento espacio" del corazón, el "elemento espacio" de la conciencia del sentido de la vista y el "elemento espacio" del exterior circundante. Esto es la integración con el espacio, y así ya no nos sentimos limitados por nuestros cuerpos a un sitio específico, estamos presentes en todas partes en el espacio sin límites.

Hay dos ejemplos tradicionales tibetanos que se utilizan para mostrar que el espacio exterior es una proyección del espacio interior. El primero es el de una casa. Si encendemos una luz dentro de la casa, la luz se proyecta a través de las ventanas, así como la luz interior se proyecta desde el espacio vacío de nuestros elementos internos, a través de nuestras conciencias sensoriales, al espacio exterior. El segundo es poner una lámpara dentro de un muñeco que tiene agujeros por ojos y que está situado en un cuarto oscuro. La luz puede verse brillando a través de las aberturas, es la luz clara interior del espacio interior, la luz de la presencia que proyectamos a través de nuestros ojos y a través de todos los sentidos. Ésta es la unión de madre e hijo.

LAS CUATRO CUALIDADES DE LA MADRE

Ma, el *kunzhi*, tiene cuatro cualidades:

1. Posee pureza primordial.
2. Manifiesta perfección espontánea.
3. Manifiesta neutralidad.
4. Es la esfera única de la totalidad.

Se dice que la madre tiene la cualidad de la pureza primordial porque no está manchada por ningún oscurecimiento ni por el dualismo de *samsara* y *nirvana*, virtud y no virtud, pasiones y bendiciones, pensamientos conceptuales y sabiduría no conceptual, felicidad y sufrimiento, dentro y fuera, sujeto y objeto, causa y efecto, bueno y malo son primordialmente perfectibles.

Se dice que ella es neutral porque no se inclina ni a la virtud ni a la no-virtud; no se limita al origen de la virtud o de la no-virtud porque es la base de la potencialidad que da origen a todo.

Se dice que es "la esfera única de la totalidad" porque abarca los tres espacios en su totalidad: espacio exterior, espacio interior y espacio secreto y, por lo tanto, también los espacios del ejemplo, del significado y de la señal. El gran espacio claro exterior es la madre ilimitada, sin preferencia respecto a la dirección o al tiempo; el espacio interior es la madre de la que nace toda existencia real y por medio de la cual se produce todo lo existente; el espacio secreto es la conciencia de la madre de la no-dualidad del vacío y la claridad, el espacio de la condición de la existencia. Se la llama "esfera única de totalidad" porque vacío y claridad están juntos en su sujeto, la conciencia despierta, que en sí misma no está separada de aquello que aparece.

Al usar la doble clasificación de externo e interno, podemos decir que cuando la gran esfera de la totalidad se manifiesta externamente se la llama espacio exterior o del "ejemplo". Cuando se manifiesta internamente, se la llama espacio secreto, la naturaleza de la mente y también estado búdico o "señal". Cuando se manifiesta en la unidad de lo externo y lo interno, se le llama espacio interior, la condición natural de los fenómenos o "significado".

LA MADRE DE TODA LA EXISTENCIA

El *kunzhi* es la madre de toda la existencia, el origen de *nirvana* y *samsara*, de la existencia interior y exterior, de lo negativo y lo positivo, de la iluminación y la ilusión.

La base de todo, la madre, no tiene atributos, no tiene forma o color, y en sí misma no tiene fundamento. Como el cielo, no tiene principio, no es creada por ninguna actividad y no tiene causa alguna. No hay ninguna base existente que dé origen al *kunzhi* primordial; es la naturaleza vacía inherente de todas las cosas. Es el espacio del cual surgen los elementos, que son la estructura fundamental de la existencia externa e interna. Es la base que origina todos nuestros pensamientos en la mente y todos los objetos en la existencia externa. Es la fuente de las grandes visiones, el sonido, la luz y los rayos, que son las manifestaciones de la energía del estado natural.

Cuando decimos que la madre es la fuente de la existencia interna, nos referimos al *kunzhi* como la naturaleza de la mente, no creada y vacía como el cielo.

LA EXPERIENCIA DE LA MADRE EN LA MEDITACIÓN

Podemos tener experiencia directa de la inseparabilidad de la madre y el hijo en nuestra propia práctica. Si observamos el origen de los pensamientos durante la meditación, podemos ver que surgen y se disuelven en la base natural de la mente. Si nos damos cuenta de que vienen del vacío y los dejamos ser, los pensamientos se van, y permanecemos en el estado de contemplación, en el cual el vacío que persiste se vuelve cada vez más claro. Ese vacío es el *kunzhi*, y la claridad es *rigpa*, la conciencia clara del vacío en el estado de contemplación. Su inseparabilidad es la unidad de vacío y conciencia clara en el estado natural, así como los rayos del sol son la energía que manifiesta la inseparabilidad del sol y el cielo. El vacío sin claridad sería como el dormir. Cuando dormimos no estamos presentes, pero en la práctica debemos mantener la presencia en el estado. Ésta debe clarificarse en nuestra práctica. No debemos tratar de mantener presente a *rigpa* en el *kunzhi*; en nuestra contemplación: debemos estar presentes en el estado inseparable de *kunzhi* y *rigpa*. En el estado de contemplación podemos darnos cuenta de la inseparabilidad de *kunzhi* y *rigpa*, del vacío y la claridad, de la madre y el hijo felices de estar reunidos. En esta reunión sentimos un tipo especial de gozo. Con esto completamos la etapa de sesiones de práctica limitada y alcanzamos la etapa donde no hay separación entre la práctica y la no-práctica. Las enseñanzas Dzogchen dicen, refiriéndose a esta etapa, que la mejor meditación es la no-meditación, es decir la meditación no fabricada por la intención de la mente. La realización final de la sabiduría, cuando se reconoce a *rigpa* como la manifestación de la energía del *kunzhi*, es como el hijo que retorna al regazo de su madre.

CAPÍTULO 11

BU
EL HIJO

Esta esencia primordial existente,
que no se realiza porque no nos damos cuenta de ella,
se percibe con claridad una vez dada la instrucción,
así como aquel que no ha visto su rostro
lo percibe cuando se le da un espejo.

LAS CUALIDADES DEL HIJO

A *bu*, el hijo, se le conoce por los nombres de sus diferentes cualidades: conciencia despierta innata (*rigpa*), naturaleza (*ngo bo*), sabiduría con conciencia despierta innata (*rangrig yeshes*), la base de la totalidad de la mente cambiante (*shes rig rgyud kyi kunzhi*).

El hijo es la autoconciencia no oscurecida del estado primordial, una sabiduría no conceptual que se comprende a sí misma y que está más allá del pensamiento. Si decimos que la comprensión del estado está más allá del pensamiento, entonces ¿quién comprende el estado? Es el estado que se comprende a sí mismo. Por ejemplo: una lámpara de aceite (en Occidente podemos usar el ejemplo de un foco) no sólo ilumina todo lo que está a su alrededor, también se ilumina a sí misma. Del mismo modo, el estado se comprende a sí mismo por su propia conciencia intrínseca. Hay autocomprensión porque el estado natural no es el vacío o la conciencia despierta sino la inseparabilidad del vacío y la conciencia despierta, de la madre y el hijo, *ma* y *bu*, y así, la conciencia despierta entiende el vacío. Para decirlo en una forma más correcta, dado que son inseparables, el vacío es conciencia despierta y la conciencia despierta es vacío; el vacío se comprende a sí mismo por su propia conciencia despierta. El pensamiento conceptual no puede comprender el vacío; el pensamiento sólo puede entender la imagen mental del vacío. Ésta es la forma utilizada inicialmente en el sistema Sutra para comprender la naturaleza vacía de la realidad absoluta. En Dzogchen se debe percibir directamente y comprender inmediatamente por medio de *rigpa*.

El hijo es la esencia —que se aclara a sí misma y no se oscurece— de la naturaleza vacía de la mente que no se apega. Es la base de las manifestaciones de la mente cambiante. Su continuidad es ininterrumpida. Si conocemos esta mente —este espejo de la conciencia despierta—, todas las cualidades del *nirvana* se reflejan o manifiestan en ella. Porque tiene esta cualidad se la llama la "sabiduría como espejo". Si no tenemos este conocimiento, la mente se vuelve el origen de *samsara* y la base donde se almacenan los residuos kármicos.

LA CONCIENCIA DE MADRE E HIJO

En el *Zhang Zhung Nyan Gyud* se hace una distinción entre la sabiduría auto-originada y la sabiduría que es consciente de manera innata. La primera es la madre, la sabiduría que se origina a sí misma, de la conciencia de la base. La segunda es el hijo, la sabiduría que se origina a sí misma, de la conciencia de la energía. Es importante explicar más ampliamente la autoconciencia. Si decimos que la madre y el hijo nunca están separados, lo que significa que *rigpa* nunca se aparta de la conciencia, entonces ¿cómo surge *samsara*? La naturaleza de la mente es como el mar, y la mente samsárica, como las olas en movimiento en el mar. Es en el nivel de la mente cambiante donde existe samsara. Es la mente cambiante la que hace la distinción entre *samsara* y *nirvana*.

TRES CLASES DE *RIGPA*

Hay tres clases diferentes de conciencia despierta (*rigpa*): conciencia despierta penetrante *chabrig* (*khyabrig*), estado consciente o conciencia despierta de la mente cambiante *samrig* (*bsamrig*) y conciencia despierta primordial (*yerig*). La conciencia despierta penetrante (*chabrig*) es inseparable de la base *kunzhi* y es omnipresente en toda la existencia material. La conciencia despierta de la mente cambiante es el hijo, *rigpa*, que existe sólo en la mente de los seres sintientes, en los cuales la distracción puede interrumpir la continuidad de la conciencia despierta. Cuando nos distraemos no podemos permanecer en el estado de contemplación. La conciencia despierta primordial es el *rigpa* madre, la conciencia que siempre está presente, ya sea que practiquemos o no. Ésta es la conciencia que la conciencia despierta de la mente cambiante quiere comprender. Sin embargo, no debemos pensar que, si la conciencia despierta penetrante es omnipresente y la conciencia despierta primordial está siempre presente, no hay necesidad de practicar. Es la conciencia despierta innata, pero no reconocida por el individuo, la que necesitamos reencontrar y desarrollar; aquélla a la cual el maestro nos introduce una vez que la descubrimos en nosotros mismos.

Es posible para la conciencia despierta de la mente cambiante comprender la conciencia despierta primordial en virtud de la inseparabilidad de madre e hijo y porque la conciencia despierta primordial siempre presente, que existe por sí misma, no es algo creado por la conciencia de la mente cambiante sino algo que ésta simplemente redescubre.

LA PRÁCTICA DE MIRAR EL CIELO

La conciencia despierta primordial se proyecta y se refleja a través de los cinco sentidos. Se experimenta a través de la conciencia de los cinco sentidos en virtud de la relación existente entre los elementos asociados con los órganos internos, los órganos de los sentidos y las conciencias sensoriales, en particular a través de la conciencia del sentido de la vista. En el caso de los ojos, la relación es con el elemento espacio y con el corazón.

Elemento	Espacio
Órgano interno	Corazón
Conciencia sensorial	Vista
Órgano sensorial	Ojo
Objeto de la percepción sensorial	Forma

Esta asociación de los elementos con los sentidos es uno de los principios subyacentes en la práctica de mirar el cielo. La conciencia despierta primordial no conoce ni evoluciona ni declina, aunque a veces la práctica de mirar el espacio va bien y a veces mal. Pueden surgir obstáculos tales como somnolencia o agitación, falta de claridad o ausencia de la experiencia del vacío. A fin de superar esta clase de obstáculos, se recomienda cambiar el tipo y la dirección de la observación. Para evitar la somnolencia debemos aplicar la observación iracunda, mirando hacia arriba; para superar la agitación debemos utilizar la observación pacífica, mirando hacia abajo. Para desarrollar el método debemos observar mirando hacia la izquierda; para desarrollar la sabiduría, debemos observar mirando hacia la derecha.

Podemos decir que cuando experimentamos gozo en la práctica de mirar el cielo, estamos viendo a la conciencia primordial misma, a través de nuestros ojos físicos, la estamos experimentando y realizando, mientras la conciencia despierta de la mente cambiante permanece presente de manera continua y sin distraerse, a través de la conciencia sensorial de la vista. En esta forma desarrollamos la práctica de contemplación *trekchöd*, en la cual se permanece en unión con el espacio (véase el capítulo 15). Cuando hemos logrado estabilidad en *trekchöd*, debemos ocuparnos de la unificación con el espacio, en la que puede manifestarse la cualidad potencial de las luces de los elementos, utilizando métodos particulares, tales como la "introducción forzada a la luz clara", o bien observando el espacio donde el cielo y la montaña se unen, o directamente el cielo azul, o la luna o el sol, o haciendo el retiro en la oscuridad *thogal*. En este caso, no sólo permanecemos en la integración con el espacio, sino que también experimentamos el movimiento de la energía dentro de la experiencia del espacio. Éste es el principio de la práctica de *thogal*. Cuando desarrollamos la práctica de *thogal*, el órgano del sentido de la vista es la principal "puerta" de los sentidos, a través de la cual experimentamos el movimiento de la energía en el espacio. En el sistema Sutra no podemos encontrar descripciones de este tipo: esta explicación y estas prácticas son exclusivas del Dzogchen. Sin embargo, es importante recordar, como aspirantes de la práctica, que debemos obtener instrucciones detalladas y precisas de un maestro de Dzogchen competente antes de comenzar estas prácticas.

En el sistema *Zhang Zhung Nyan Gyud*, durante la transmisión simbólica por el maestro se dan seis ejemplos a fin de capacitar al practicante para tener comprensión directa, no meramente conceptual, de las diferentes cualidades de *bu*, la conciencia despierta primordial. No se trata de meros discernimientos filosóficos de sus cualidades. El estado natural es una totalidad única, y debemos experimentar espontánea y directamente cada uno de sus aspectos, sin que la mente conceptual efectúe distinciones: ésta es la forma de transmisión directa a través de símbolos. Algunas veces, los símbolos pueden ser mucho más efectivos que la aclaración a través de las descripciones intelectuales porque, aunque aprendemos a través de éstas, crecemos a través de los símbolos, que no son "forzados" como las explicaciones conceptuales. Esto se aplica en especial al *Zhang Zhung Nyan Gyud*, donde la mayoría de las elucidaciones se dan a través de símbolos en vez de explicaciones intelectuales. Estas seis cualidades del hijo son:

1. La lámpara, que es el símbolo de la autoclaridad.
2. El loto, que es el símbolo de la pureza primordial.
3. La pluma de pavo real, que es el símbolo de la perfección espontánea de la luz clara.
4. El espejo, que es el símbolo de la autoclaridad no oscurecida.
5. El cristal, que es el símbolo de la sabiduría transparente y desnuda (literalmente, "desnudez transparente").
6. El espacio, que es el símbolo de la sabiduría imparcial y que lo permea todo.

Si encendemos una lámpara en la oscuridad, aquélla tiene la cualidad de iluminar no sólo el medio ambiente externo, sino también a sí misma, su propia forma, como dijimos antes. Este símbolo indica que la claridad de la conciencia despierta primordial está presente en las apariencias internas y externas. En este contexto, claridad se refiere a la presencia o comprensión no intelectual, en la cual no hay un sujeto que entiende la conciencia despierta primordial como un objeto, como sucede en el entendimiento conceptual ordinario. Hay comprensión, presencia y claridad por sí mismas. A menudo, cuando las enseñanzas usan los términos "claridad" o "luz clara", tendemos a pensar en una luz pura; pero no es así. Claridad significa conocernos a nosotros mismos, en vez de conocer algún objeto, o cosa, o conocernos como un objeto. Aquí el yo, el alma y la persona son lo mismo, y el espacio inherente de los tres es el vacío. Puesto que el vacío es la naturaleza inherente del yo, hablamos de "ausencia de yo". No hay un yo permanente o independiente en el yo ni en los fenómenos. El ejemplo tradicional es el de un granjero que busca un yak y no lo encuentra: lo que encuentra es un "no-yak". Cuando buscamos al yo y no lo encontramos, lo que hallamos es un "no-yo" esto significa que encontramos nuestro verdadero yo.

A pesar de que el loto crece en el fango, su pureza nunca es manchada por el fango; de la misma manera, la pureza de la conciencia despierta primordial, semejante al loto, nunca se contamina por las pasiones, semejantes al fango. La pureza primordial de la mente es el Buda primordial, Kuntuzangpo, puro aunque se involucre también con el veneno de los pensamientos y las pasiones. De hecho, así como las olas tienen la misma cualidad que el mar, así las pasiones tienen la misma cualidad que la pureza y la sabiduría. Una vez que entendemos que la pureza es su verdadera cualidad, vemos entonces que nunca están separadas de la pureza.

No es un artista quien pinta los colores y luces en las plumas del pavo real; de la misma manera, las luces y elementos, que son el origen de la existencia y de *samsara* y *nirvana*, no son creados por alguien, sino que se perfeccionan espontáneamente. El estado primordial se perfecciona espontáneamente más allá de los conceptos y más allá del tiempo. Estos últimos son productos de la mente conceptual; esto significa que el estado primordial es perfecto todo el tiempo, y ahora mismo. Es la mente conceptual la que separa *samsara* de *nirvana* y clasifica las cosas como "buenas" (nirvánicas) y "malas" (samsáricas). *Samsara* y *nirvana* se manifiestan gracias a que ambas son autoperfectibles en el estado primordial.

Así como un espejo no se oscurece por prejuicio o juicio alguno cuando refleja lo que aparece ante él, la conciencia despierta primordial tampoco se oscurece por la aparición de objetos o pensamientos conceptuales.

Un cristal está desnudo y es traslúcido; de la misma manera, la conciencia despierta primordial está vacía de cualquier pensamiento conceptual, y las experiencias externas e internas son transparentes para la conciencia despierta primordial que observa.

El espacio está más allá del dentro y el fuera; lo permea todo y está más allá de cualquier dirección, así como puede hallarse la conciencia despierta primordial en todo ser sintiente.

Si bien los símbolos y otros tipos de aclaraciones no conceptuales no captan la comprensión definitiva, son más inmediatos y fáciles de entender que las explicaciones filosóficas. Cuando el maestro introduce al discípulo al estado natural de la mente a través de estos seis símbolos, habilita al discípulo para experimentar cada cualidad individual del hijo durante la transmisión del maestro.

CAPÍTULO 12

TSAL
ENERGÍA

Una vez que se renuncia al odio, no se puede apreciar el amor—
La naturaleza única de la mente no renuncia a nada.
Una vez que se renuncia a la ignorancia, no se puede apreciar la sabiduría—
La naturaleza única de la mente no renuncia a nada.
Una vez que se renuncia al deseo, no se puede apreciar la generosidad—
La naturaleza única de la mente no renuncia a nada.

LAS TRES GRANDES VISIONES

Las enseñanzas Dzogchen explican que el movimiento de la energía (*tsal*) en el estado primordial da origen a la luz en forma de las cinco luces puras, y cuando éstas aumentan, surge "el sonido de la luz". Las cinco luces son la base de las manifestaciones de la energía de la luz clara en forma de sonido, luz y rayos, llamados "las tres grandes visiones" o "los tres grandes movimientos". Éstas son expresiones de la energía de *rigpa*.

LA AUTOMANIFESTACIÓN DE LAS TRES
GRANDES VISIONES

El *Zhang Zhung Nyan Gyud* describe la automanifestación de estas tres grandes visiones. La manifestación del sonido propio inherente a la conciencia despierta es como un eco: como el sonido que parece venir de algún lado pero que, de hecho, está regresando a su origen.

La aparición de la luz inherente de la conciencia despierta, que se manifiesta por sí sola, es como un arco iris que surge, permanece y se disuelve en el cielo. Al observar el arco iris (o una nube) cuando aparece en el cielo, podemos entender que el movimiento de la energía en la mente, ya sea en forma de pensamiento o de pasión, ocurre de la misma manera: surge del estado vacío, que es la naturaleza inherente o esencia de la mente (y también la naturaleza inherente de los pensamientos y de las pasiones), reside en la naturaleza vacía de la mente y finalmente se disuelve de nuevo en la naturaleza vacía de la mente.

La automanifestación de los rayos inherentes a la conciencia despierta se compara con las imágenes vistas en un espejo, o con una estatua que reconocemos inmediatamente al verla; es como la aparición mágica de un cuerpo. Los rayos son rayos de luz, análogos a los rayos de luz solar que vienen del sol, sin que esto implique que "primero" esté el sol y "luego" aparezcan los rayos que provienen de él: el sol y sus rayos son simultáneos.

Entendemos realmente que el sonido, la luz y los rayos son manifestaciones de la energía de nuestro propio estado primordial y la expresión de nuestra conciencia despierta cuando los percibimos en el estado de presencia, en el estado de *rigpa*, de auto-reflexión. Cuando surgen las tres grandes visiones, las entendemos como el surgimiento externo de nuestra propia conciencia despierta como si estuviéramos mirando en un espejo. Cuando miramos en un espejo, vemos nuestra cara y nos reconocemos; de la misma manera, cuando verdaderamente vemos la naturaleza de las tres grandes visiones, las percibimos como las manifestaciones proyectadas del estado natural, como proyecciones de la luz de la mente. Según el *Zhang Zhung Nyan Gyud*, la luz de la mente es como el cielo abierto visto desde una colina. Si nos sentamos en la cima y observamos la línea donde el cielo se junta con otra colina, vemos cómo éstos se unen, se mueven, cambian, y cómo la colina cambia de colores; esto se vuelve cada vez más el reflejo de nuestra mente, vemos moverse a nuestra propia mente. Lo cual resulta muy claro si observamos el cielo: vemos cómo sus aspectos se interpenetran y se delínean claramente los estados de pureza e impureza.

Estas visiones son la causa de que comprendamos nuestra propia condición. En Dzogchen esto es la autocomprensión: entendemos que tanto nosotros mismos como los fenómenos son nuestra propia manifestación. La diferencia entre *samsara* y *nirvana* es la diferencia entre comprender y no comprender: si comprendemos la naturaleza de las tres grandes visiones cuando éstas surgen en el *bardo* después de la muerte, se inicia el proceso de la realización; sin embargo, si no la comprendemos, regresamos a *samsara*.

CÓMO EXPERIMENTAR EL SONIDO, LA LUZ Y LOS RAYOS EN LA PRÁCTICA

Podemos tener en nuestra práctica experiencia y conocimiento directos del surgimiento de las tres grandes visiones autooriginadas. Por ejemplo, si tapamos nuestros oídos con los dedos, escuchamos el sonido natural que se manifiesta por sí mismo. En esta forma experimentamos la conexión entre el sonido y el vacío, porque la luz clara del vacío es la base en la que surgen las tres grandes visiones. Hay técnicas particulares que producen la experiencia de la luz, tales como mirar el sol, observar el cielo o hacer un retiro en la oscuridad. Una forma sencilla es cerrar nuestros ojos y presionar ligeramente con los dedos los globos oculares, a fin de ver la luz natural auto-originada. Ésta es la luz interior. Hay un número infinito de visiones diferentes que podemos ver de esta manera, como los círculos de luz de cinco colores, pequeñas esferas de luz (*tigle*), imágenes, stupas o *mandalas*. Aquello que esté presente en la mente puede manifestarse como una visión. Cuando proyectamos la luz hacia afuera, se manifiesta como las formas visibles que vemos (gente, casas, etc.). Éstas se producen por los elementos densos, pero su verdadera cualidad es la luz pura de la condición primordial. De igual manera, el sonido interno se manifiesta externamente como música, ruido, y demás. Si practicamos tapando nuestros oídos, presionando los globos de los ojos y reteniendo nuestro aliento mientras permanecemos en el estado de presencia, entonces, al quitar la presión podemos ver la luz interna y escuchar el sonido interno. Todo se manifiesta en ese momento. Cuando soltamos el aliento, estamos relajados y en calma, y permanecemos en el estado de presencia sin esfuerzo.

Es importante entender la diferencia entre escuchar sonidos externos y hacer este ejercicio. Cuando tapamos nuestros oídos, debemos tratar de estar presentes en el sonido interno y percibir las diferencias entre esto y el escuchar, por ejemplo, el sonido de una película. Otra práctica relacionada con el sonido requiere que nos tapemos los oídos por una semana, hasta que comience a surgir un sonido interno fuerte. Después podemos integrarnos con el sonido de un elemento o combinar la práctica con la luz, presionando los ojos, a fin de entrar en un estado de presencia sin esfuerzo. Se le llama a esto el "lugar secreto del sonido" o el "sonido de *rigpa*". Esta práctica es especialmente útil durante un retiro en la oscuridad, en el cual generalmente las visiones surgen antes. En seguida podemos integrarnos con los sonidos cuando éstos comienzan a expresarse. Cuando hacemos estas prácticas, empezamos reteniendo el aliento, aunque no hay necesidad de retenerlo para tener presencia total: soltamos el aliento y permanecemos presentes. En esta forma podemos ver que la presencia total, continua, no interfiere con nuestra vida cotidiana. No debemos pensar que la integración significa permanecer en el estado de atención mientras retenemos el aliento: a través de nuestra experiencia con la presencia, que permanece después de que soltamos el aliento, entendemos la presencia en la tensión deliberada y la diferencia entre la presencia y esta tensión; así podemos aplicar la presencia fuera de una sesión de práctica, que es una situación con intenciones deliberadas.

Cuatro analogías del *Zhang Zhung Nyan Gyud*

El *Zhang Zhung Nyan Gyud* usa cuatro analogías como ejemplos de las manifestaciones de la energía que surgen por sí mismas. Éstas son el agua, un cristal, el sol y una lámpara de aceite.

En el primer ejemplo, el sol brilla en el agua de modo que su imagen se refleja en una pared. Al concentrarnos en la imagen externa final, perdemos contacto con la conexión entre el sol, el origen de la imagen y la imagen del sol en la pared. El agua es como el vacío; la luz en el agua, que lleva la imagen del sol, es como la autoconciencia despierta de *rigpa*, y la luz en el agua reflejada en la pared es como la manifestación de la energía que aparece como externa. En este ejemplo es importante entender que la luz reflejada en el agua es vacía y clara, y su naturaleza no es diferente de la del agua, así como las olas en el mar son de la misma naturaleza del mar. De la misma manera, las tres visiones son la luz de *rigpa* proyectada externamente: son los reflejos de *rigpa*. (En este ejemplo, el sol también representa el estado primordial, presente en toda existencia, pero perceptible únicamente como autoconciencia despierta de *rigpa* en la mente; como la luz del sol que brilla por doquier, pero que sólo es reflejada por ciertos objetos o superficies, tales como, en este ejemplo, el agua.) De hecho, el sol reflejado en la pared no existe. Es sólo un reflejo de la mente.

El segundo ejemplo es un cristal. No tenemos que hacer nada artificial para producir luz en un cristal: el cristal se autoperfecciona espontáneamente, y cuando brilla el sol, la luz se manifiesta naturalmente en el cristal, al igual que las tres grandes visiones; la expresión de la energía del estado primordial se manifiesta como proyecciones de *rigpa*. En este ejemplo, el sol es una causa secundaria: sin él no habría manifestación. Por ejemplo, si veo a una persona "buena" o a una persona "mala", la bondad o la maldad no son inherentes sino impulsadas por la causa secundaria: de hecho, la persona se autoperfecciona, como lo hace el cristal. Un hombre puede ser al mismo tiempo padre, hijo, esposo, amigo y enemigo, en relación con diferentes personas; su condición inherente es la misma, pero se manifestará de manera diferente de acuerdo con las circunstancias secundarias de la percepción que esas otras personas tienen de él.

El tercer ejemplo es el sol. El sol simboliza la autoconciencia despierta innata. El sol brillando en el cielo simboliza la naturaleza vacía de la mente. En este caso las tres grandes visiones son la luz solar. En la vida cotidiana vemos formas, escuchamos sonidos y generalmente percibimos la realidad externa y los objetos a través de los sentidos. Si percibimos esto con conciencia despierta, presentes en la inseparabilidad de vacío y claridad, los vemos como nuestra propia manifestación, como la automanifestación de la energía de nuestro estado primordial. Si los pensamientos nos distraen y no permanecemos presentes, los vemos como separados de nosotros mismos, como originados externamente, y no como nuestras propias proyecciones externalizadas.

En términos de la práctica en general, y en particular cuando hacemos un retiro *thogal* en la oscuridad, debemos tratar de percibir las manifestaciones del sonido, de la luz y de los rayos como productos de nuestra propia energía y no como algo externo a nosotros. En esta forma es posible llegar a reconocer la realidad externa como nuestra propia proyección; entonces unimos nuestra visión interna y la realidad objetiva "exterior". Esto nos ayuda a desarrollar sabiduría interna. Hay muchas historias de practicantes que hacen retiros en la oscuridad y confunden las visiones producidas por la mente con la realidad externa. Lo importante no es el contenido o la forma de las visiones que se manifiestan, ya sea que aparezca la visión de un Buda o la de un animal, sino cómo las observamos y si podemos reconocer lo que experimentamos como la manifestación de la energía de nuestro estado primordial. También es importante para nosotros obtener esta comprensión en el retiro en la oscuridad, con el fin de aprender a reconocer las visiones de las deidades pacíficas y de las iracundas que surgen en el *bardo* como nuestras propias proyecciones. Cuando logramos esto, es el despertar del entendimiento. Si reconocemos la visión de las cinco luces puras, comienza el proceso de *nirvana*. Si no entendemos la naturaleza de las luces, éstas, densificadas, dan lugar a los cinco elementos materiales, y comienza el proceso de *samsara*.

El cuarto ejemplo es la lámpara de aceite, que se ilumina a sí misma e ilumina lo que está a su alrededor. Representa la autoclaridad, el entendimiento sin esfuerzo del vacío que comprende las visiones como manifestaciones de su propia claridad. Éste es el estado natural que se entiende a sí mismo por su propia claridad inherente. Esta "sabiduría que se comprende por sí misma" es la expresión de la inseparabilidad de la madre y el hijo en el estado primordial.

CÓMO EXPERIMENTAR LAS TRES GRANDES VISIONES

Cuando surgen las tres grandes visiones, es importante no perseguirlas. Es crucial distinguir entre seguirlas y aceptarlas sin perseguirlas. Así pues, perseguirlas quiere decir estar condicionados por el hecho de que sean positivas o negativas, hermosas o feas. Aceptarlas significa permitir que surjan y contemplarlas con la presencia, observarlas sin apego o aversión.

Si no las seguimos, las grandes visiones están bajo control, y entonces no puede surgir ningún problema. Las vemos, las apreciamos e incluso las gozamos, pero no influyen sobre nosotros porque permanecemos presentes. Si nuestra mente no se distrae por las tres visiones cuando surgen en el bardo, empieza entonces, el proceso de nirvana. Es importante experimentar directamente las visiones como nuestra propia manifestación.

Cuando nuestra mente entiende directamente las tres grandes visiones, éstas se vuelven la causa de nuestra presencia individual, y nos damos cuenta de que somos los reyes de nuestro propio estado. Nada es capaz de distraernos de nuestra verdadera condición.

CÓMO RELACIONARNOS CON LA ENERGÍA

El *Zhang Zhung Nyan Gyud* explica también cómo proceder con la energía en relación con las causas secundarias o actividades de la vida diaria, a fin de aprender cómo aprovechar los sucesos de nuestra vida cotidiana como parte de nuestra práctica. También explica cómo aplicar las prácticas aprendidas a lo largo de nuestra vida a las manifestaciones de energía de las causas secundarias que surgen en el *bardo*.

Relacionarnos con la energía durante nuestra vida significa trabajar con las tres dimensiones principales del cuerpo, del habla y de la mente, trabajar con las seis conciencias de los sentidos, con los pensamientos y con todos nuestros problemas y limitaciones.

Existen tres enfoques, tres maneras de relacionarnos con la energía en función de su integración, los cuales corresponden a los tres tipos o niveles de practicantes: superior, medio e inferior. Hay dos formas de tratar con la energía: la primera es apropiada para las tres etapas tempranas de la práctica, y la segunda, para las últimas etapas. Cuando comenzamos a practicar, estamos en la condición del practicante inferior. Somos como la lámpara de aceite que puede apagarse con el viento; es decir, nuestra práctica puede distraerse fácilmente con movimientos de energía tales como los pensamientos o las pasiones. Por esta razón, todas nuestras actividades de cuerpo, voz y mente deben ser positivas y virtuosas; es preferible renunciar a cualquier experiencia que sea un obstáculo para la práctica, a tratar de integrarla inmediatamente. Se nos recomienda buscar sólo aquellas cosas y circunstancias (trabajo, hogar, pensamientos, alimentos, bebidas) que resulten ser benéficos para practicar, y evitar aquellas que constituyan impedimentos. En esta etapa podemos hacer *ngondro*, *phowa*, *guru yoga* y otras prácticas preliminares y de purificación. Sin embargo, una vez que establecemos y desarrollamos nuestra práctica, en lugar de ser como una lámpara de aceite, somos como un gran fuego, y el gran viento del movimiento de la energía ya no resulta un obstáculo para practicar sino, más bien, un auxiliar para que el fuego (nuestra práctica) arda con mayor intensidad y brillantez.

ZERBU

Hay un texto en el *Zhang Zhung Nyan Gyud*, llamado *Zerbu*, que trata específicamente de la energía y las acciones. "*Zerbu*" significa, literalmente, "golpear un clavo" para sujetar algo y, simbólicamente, "fijar las acciones del cuerpo, el habla y la mente en la vida cotidiana a nuestro nivel de práctica. Voy a parafrasear y comentar los pasajes clave de este texto.

Cuando una visión es un obstáculo, necesitas un amigo.

Por "visión" nos referimos a los movimientos de energía; los amigos que necesitamos son la renunciación y las prácticas preliminares. Pero cuando la visión ya no es un impedimento, alcanzamos una etapa diferente. Una vez que hemos desarrollado nuestra práctica, los obstáculos anteriores se vuelven un beneficio para ésta.

Cuando un fuego crece y se vuelve una gran hoguera, entonces el viento ayuda al fuego.

En esta etapa, de hecho, necesitamos el viento, es decir, los movimientos de energía, de manera que en lugar de estancarnos podamos desarrollar nuestra práctica; para esto necesitamos la energía de los pensamientos y las pasiones, a fin de integrarlos con la contemplación. El uso de las pasiones a través de su integración completa se llama "sabiduría loca".

La sabiduría que surge de sí misma es la base.

Todos los movimientos de energía, ya sean pensamientos sutiles o pasiones burdas, surgen en la base y tienen lugar en el estado de presencia. Debemos mantener la conciencia despierta presente sin distraernos, identificar las conciencias de los seis sentidos como sabiduría que surge de sí misma cada vez que tratamos de integrarnos con el movimiento del cuerpo, de la voz o de la mente.

Los cinco venenos son energía.

Todos los movimientos del pensamiento, todas las pasiones, son energía en forma visible y poderosa.

Seguir las cinco pasiones es ilusión.

Seguir las pasiones significaría no reconocer su realidad inherente, que es el vacío.

Ver los cinco venenos como negativos es un error.

Esto significa no reconocerlos como las manifestaciones de la energía del estado primordial.

Dejar las pasiones en su propia naturaleza es el método.

Ésta es la forma superior de integrar las pasiones cuando surgen; es como un copo de nieve que se disuelve en el océano.

Hacer esto y obtener como resultado la comprensión, es el camino.

Cuando te das cuenta de que no hay separación entre las pasiones y el estado puro de la mente, ése es el estado de iluminación.

Este método Dzogchen es muy útil para aprovechar las pasiones sin transmutarlas tántricamente. Al integrar estas manifestaciones de energía, entendemos su naturaleza como los movimientos de nuestro propio estado primordial y de este modo se vuelven el camino de la realización y la liberación.

En esta etapa nos volvemos libres. Nada nos perturba y actuamos conforme a la "sabiduría loca". Como dice el texto, "nos comportamos como un puerco o un perro" que no tienen consideraciones dualistas. Lo bueno, lo malo, lo limpio, lo sucio, todo es percibido como si tuviera "un solo sabor". Otro texto dice que "nos volvemos como niños pequeños que no saben nada y hacen cualquier cosa", que no tienen ninguna preferencia ni conceptos de bueno o malo, y por lo tanto, para ellos no hay nada que aceptar o rechazar. En el pasado algunos practicantes de Dzogchen hacían cosas extrañas, y la gente los criticaba por su comportamiento; pero los lamas Dzogchen hacen cosas "locas" (según las normas convencionales) porque han integrado todas las acciones en el estado de contemplación y no tienen limitaciones. La gente los criticaba por casarse o porque comían carne, pero ellos contestaban que incluso su forma de ir al baño no era como la de los demás.

La "sabiduría loca" es la actividad conforme a la perspectiva absoluta y definitiva, la forma última de percibir y de ser, el copo de nieve disolviéndose en el océano; en ella ya no repetimos compulsivamente las mismas acciones habituales; en lugar de eso actuamos con loco abandono, sin renunciar a nada. Ya nada nos puede perturbar, todo surge en su propia forma y se libera en su propia forma. Si hacemos algo, está bien; si no lo hacemos, está bien. Ya no hay reglas que seguir. No obstante, debemos desarrollar nuestra mente antes de llegar a esa etapa. No funciona el tratar de comportarnos de esta manera sin haber obtenido previamente la comprensión correcta.

El *Zerbu* continúa:

Haz cualquier cosa sin indecisión o vacilación alguna.
Sin expectativas o dudas,
todas las acciones son completamente libres.
El comportamiento se vuelve como un pavo real,
tomando todos los obstáculos y apariencias como bendiciones.
Cuando estés infeliz, mantente por completo en la infelicidad;
Cuando estés feliz, mantente por completo en la felicidad;
cuando estés enfermo, mantente por completo en la enfermedad;
cuando estés hambriento, mantente por completo en el hambre;
cuando tengas miedo, mantente por completo en el miedo;
cuando algo no te guste, mantente por completo en el estado de disgusto.
Éste es el gran viento.
Cuando las visiones sean un obstáculo, ten cuidado;
cuando las visiones se vuelvan tus amigas, libérate.
Todo se vuelve entonces un beneficio para tu práctica.

Otro texto, *Las seis instrucciones*, dice: "Aquellos que practican los cinco venenos son los mejores practicantes" porque, en lugar de ser un obstáculo, la energía de las pasiones se vuelve un beneficio para la práctica.

Cuando actúas de acuerdo con la sabiduría loca,
eres un recipiente de la enseñanza Dzogchen.
Esto es llegar a la dimensión de oro.

En esta dimensión todo es oro; no hay nada que no sea el estado puro y perfecto. Si todo es oro, entonces ninguna cosa es más valiosa que otra; no hay nada a lo cual asignar ningún valor particular, porque todo es precioso. No hay nada que esconder secretamente en tu casa, y no hay actividades que aceptar o rechazar. Ésta es la forma máxima de relacionarse con la energía en función de la diversidad de la experiencia.

CAPÍTULO 13

'OD LNGA (WO NGA)
LAS CINCO LUCES PURAS

*De las cinco luces puras de la mente natural
surge la dimensión inmutable del cuerpo,
la manifestación incesante y pura del habla,
y la mente iluminada sin diluir.*

LA LUZ CLARA

El estado puro de la mente, la base del estado búdico, tiene la cualidad de la luz clara, que se convierte en la luz pura del estado natural. Esta "luz de arco iris" no es luz material. Es la energía natural del estado primordial y la causa del *samsara* y del *nirvana*. A través de los movimientos de esta luz pura, que es la energía interna de *rigpa* en la dimensión de la base primordial, se desarrollan y comienzan a aparecer las cinco luces puras. Este proceso se representa por el *thigle* de cinco colores que rodea a la A blanca y que simboliza la condición natural primordial.

Las luces puras de los cinco colores constituyen el segundo paso en la composición de la existencia; son la fuente de los cinco elementos, la estructura subyacente de la existencia del mundo y la existencia interna del individuo. Aunque percibimos los elementos en su forma densa, en realidad, la fuente de los elementos es la luz pura del estado natural.

La energía de las cinco luces puras surge en a base primordial; crea y da solidez a la realidad externa e interna. En el *mandala* del cuerpo humano, esta energía de luz clara reside en el corazón, asciende a través de los canales y se proyecta a través de los ojos. Es la base de toda visión y se mueve de la dimensión interior a la exterior.

Según la explicación tradicional, la existencia externa está constituida por el mundo en función de un *mandala* externo o "contenedor" del individuo. La existencia interna del ser, o del individuo, se divide en externa, interna y secreta.

La existencia externa del individuo consiste en los objetos de los cinco sentidos, percibidos por las cinco conciencias sensoriales. La existencia interna es la sexta conciencia sensorial, es decir, la mente junto con los sentidos propioceptivos o la conciencia interna del cuerpo. La existencia secreta es el movimiento de los pensamientos. En este último análisis, la división de la existencia en interna y externa se basa en un falso enfoque creado por la mente conceptual respecto a la condición dual. En la condición verdadera no hay distinción entre lo interno y lo externo, puesto que el mismo espacio vacío da lugar por igual a la existencia interna y a la externa, así como el aire que hay dentro de un frasco es el mismo que hay fuera de él.

EL DESARROLLO DE LAS CINCO LUCES

Las cinco luces pueden desarrollarse de dos maneras, dependiendo de si la conciencia despierta está presente o no en el estado primordial. Si hay comprensión, las cinco luces puras dan lugar a las cinco visiones puras, y la sabiduría empieza a desarrollar el cuerpo puro. De este modo, las cinco luces puras dan lugar a los cinco elementos puros, que a su vez dan lugar a los cinco elementos internos y luego, sucesivamente, a los cinco elementos externos, las cinco conciencias sensoriales, los cinco órganos de los sentidos, los cinco objetos de los sentidos, los cinco cuerpos y las cinco sabidurías. Este proceso conduce a *nirvana* o a la realización total y final. Pero si hay distracción y falta de entendimiento, las cinco luces puras se vuelven densas y comienzan a transformarse en los cinco elementos burdos y luego, sucesivamente, en los cinco órganos impuros, los cinco sentidos ilusorios de la conciencia, los cinco órganos de los sentidos ilusorios, y así, hasta dar lugar a los cinco venenos o las cinco pasiones, a las cinco acciones negativas y a las enfermedades derivadas de éstas. Cada pasión está conectada con la luz de un color en particular y con un elemento determinado. Éste es el proceso de transmigración continua en *samsara*.

Las dos enseñanzas Dzogchen sobre las cinco luces

En el *Zhang Zhung Nyan Gyud* hay dos enseñanzas sobre las cinco luces puras, y su modo de abordarlas es ligeramente diferente. Una de ellas se encuentra en "La Unión de los Cuatro *Chakras*", y la otra, en "El Espejo de la Mente Luminosa".

La Unión de los Cuatro *Chakras*

En estas enseñanzas, el primer *chakra* es el *chakra* o rueda de la base primordial. A menos que comprendamos el *chakra* de la base primordial, no podemos entender cómo las tres dimensiones de realización (*kayas*) se perfeccionan en la base primordial y, entonces, no podemos lograr la realización. El segundo *chakra* es la rueda de realización e ilusión. A menos que comprendamos este *chakra*, no podemos percatarnos de cómo el *samsara* y *nirvana* se perfeccionan en el estado primordial, de cómo el *samsara* se origina en la distracción con los pensamientos ilusorios y el *nirvana* surge de la percepción correcta. El tercer *chakra* es la rueda de los puntos del cuerpo, las venas, los canales y los centros de energía. A menos que entendamos cómo se relacionan los puntos en el cuerpo físico, no podemos obtener la realización en este cuerpo en particular, ni lograr la liberación en esta misma vida. El cuarto *chakra* es la rueda del estado intermedio. A menos que comprendamos esto, no podemos sostener la presencia después de la muerte ni obtener la realización en la luz clara del *bardo*.

El *chakra* que nos interesa por el momento es el segundo: la manera como el proceso que guía hacia el *nirvana* se desarrolla a través de la comprensión de las cinco luces puras, y la manera como el proceso del *samsara* se desarrolla a través de la falta de comprensión de éstas. Este *chakra* también se asocia con una explicación sobre cómo la existencia se deriva de las cinco luces puras.

LAS CINCO SABIDURÍAS Y LOS NO-OSCURECIMIENTOS

En el proceso del *nirvana,* el vacío del estado primordial da origen a las cinco luces puras; cada luz es la fuente de energía pura de un elemento. Estas cinco luces esenciales dan lugar a las cinco sabidurías claras, elementales: la luz pura blanca, a la sabiduría del vacío, asociada con el elemento espacio; la luz pura verde, a la sabiduría de ecuanimidad o identidad, asociada con el elemento aire; la luz pura roja, a la sabiduría de discernimiento, asociada con el elemento fuego; la luz pura azul, a la sabiduría de actividad, asociada con el elemento agua; la luz pura amarilla, a la sabiduría como espejo, asociada con el

elemento tierra. Estas sabidurías son las luces claras de las cinco familias de *Sambhogakaya*. En su forma pura, los cinco elementos son la causa del cuerpo puro o dimensión de *Sambhogakaya*; en su forma impura, constituyen nuestro cuerpo físico
y nuestra dimensión material.

Todos los elementos se fundamentan en el elemento espacio, y cada elemento contiene dentro de sí los espacios de todos los demás elementos. Estos espacios se conectan con las
cinco *dakinis* o diosas de los cinco elementos: la *dakini* el espacio, la *dakini* del viento (o aire), la *dakini* del fuego, la dakini del agua y la *dakini* de la tierra.

Las cinco luces puras tienen la cualidad del no-oscurecimiento. La luz pura amarilla, luminosa tiene la cualidad estable, positiva de la inmutabilidad; la luz pura azul y luminosa
tiene la cualidad positiva de la paz; la luz pura roja y luminosa tiene la cualidad del no-oscurecimiento del resultado; la luz
pura verde, luminosa tiene la cualidad positiva de las acciones
afirmativas sin oscurecimiento; la luz pura blanca, luminosa
tiene la cualidad positiva del no-oscurecimiento del beneficio.

LAS CINCO LUCES PURAS Y EL CUERPO

Las cinco luces puras dan lugar a los cinco elementos internos
que son la base fundamental de la existencia del cuerpo en el
estado puro. La luz pura blanca del elemento espacio da lugar
a los canales de la mente y el corazón; la luz pura verde del elemento aire da lugar al viento interno o aliento; la luz pura roja del elemento fuego da lugar al calor del cuerpo; la luz pura
azul del elemento agua da lugar a la circulación de la sangre; la
luz pura amarilla del elemento tierra da lugar a la masa corpórea. Las cinco luces puras se conectan con el elemento espacio

interno (mente y corazón) y externo, el elemento interno (aliento) y externo, el elemento fuego interno (calor del cuerpo) y externo, el elemento agua interno (líquido del cuerpo) y externo, el elemento tierra interno (masa corpórea) y externo.

El proceso de vida comienza a partir del corazón, el cual se conecta con el elemento espacio y se desarrolla sucesivamente a través de los elementos aire, fuego, agua y tierra. De este modo, la sustancia material densa del cuerpo tiene su origen en las cinco luces puras. Cuando comienza el proceso de la muerte, el proceso de la vida se invierte, en el sentido de que las funciones del cuerpo conectadas con los cinco elementos comienzan a disolverse. El elemento tierra se disuelve o "se reintegra" en el elemento agua, el elemento agua se disuelve en el elemento fuego, el elemento fuego se disuelve en el elemento aire, el elemento aire se disuelve en el elemento espacio. En los seres ordinarios esto es únicamente un proceso energético de las funciones de los elementos, pero en los practicantes avanzados de Dzogchen este proceso también tiene lugar en el plano físico: al morir, el adepto obtiene el cuerpo de luz o de arco iris: el cuerpo material se disuelve en la luz y no deja restos mortales a excepción del cabello y las uñas. Esto se explica en la literatura de la tradición Bön, en el llamado "Libro de los muertos", y aquí, en forma detallada, en el capítulo sobre el *bardo*.

En relación con la generación del cuerpo físico, las cinco luces puras dan lugar a las cinco "ramas" del cuerpo. De la luz blanca pura surge la cabeza, la rama del elemento espacio; de la luz pura verde surge la pierna derecha, la rama del elemento aire; de la luz pura roja surge el brazo derecho, la rama del elemento fuego; de la luz pura azul surge la pierna izquierda, la rama del elemento agua; de la luz pura amarilla surge el brazo izquierdo, la rama del elemento tierra. Las cinco luces puras también dan lugar a las cinco ramas subsidiarias, que, respectivamente, son las cejas, la barba, el vello púbico, el cabello y el vello del pecho.

Las cinco luces puras dan lugar a las conciencias de los cinco sentidos y a los cinco órganos sensoriales. De la luz pura blanca surge la conciencia de la mente que distingue, conectada con el sentido de la vista y con los ojos; de la luz pura verde surgen el sentido del olfato y la nariz; de la luz pura roja surgen el sentido del gusto y la lengua; de la luz pura azul surgen el sentido del oído y los oídos; de la luz pura amarilla surgen el sentido del tacto y la superficie del cuerpo.

La no-obscuración de las cinco luces puras da lugar a las sabidurías de las cinco conciencias de los sentidos. De la luz pura blanca surge la sabiduría de la conciencia sensorial de los ojos; de la luz pura verde surge la sabiduría de la conciencia sensorial de la nariz; de la luz pura roja surge la sabiduría de la conciencia sensorial de la lengua; de la luz pura azul surge la sabiduría de la conciencia sensorial de los oídos; de la luz pura amarilla surge la sabiduría de la conciencia sensorial del cuerpo (tacto).

Las cinco luces puras se relacionan también con los cinco objetos de los sentidos. La luz pura blanca da lugar a la forma, el objeto del sentido de la vista; la luz pura verde da lugar al olor, el objeto del sentido del olfato; la luz pura roja da lugar al sabor, el objeto del sentido del gusto; la luz pura azul da lugar al sonido, el objeto del sentido del oído; la luz pura amarilla da lugar a la sensación táctil, el objeto del sentido del tacto. (Los seres realizados tienen además la sabiduría de la sinestesia, el poder de usar los sentidos para entrar en contacto con objetos de los sentidos que no corresponden a los sujetos de los sentidos. (Por ejemplo, pueden ver con sus oídos, escuchar con sus bocas, etc.)

Las cinco luces puras dan lugar también a los cinco órganos internos. La luz pura blanca del elemento espacio da lugar al corazón; la luz pura verde del elemento aire da lugar a los pulmones; la luz pura roja del elemento fuego da lugar al hígado; la luz pura azul del elemento agua da lugar a los riñones; la luz pura amarilla del elemento tierra da lugar al bazo. Las cinco luces puras dan lugar también a las cinco impurezas o cinco órganos huecos, respectivamente: estómago, intestino grueso, vesícula biliar, vejiga e intestino delgado.

LAS CINCO DEIDADES, PODERES, RESULTADOS Y *MANDALAS*

De las cinco luces puras surgen las cinco deidades del *mandala*: del centro y de las cuatro direcciones. De la luz pura blanca surge la deidad Shenlha Okar al centro del *mandala*; de al luz pura verde surge la deidad del norte; de la luz pura roja surge la deidad de oeste; de la luz pura azul surge la deidad del sur; de la luz pura amarilla surge la deidad del este.

Las cinco clases de deidades surgen de las cinco luces puras. De la luz pura blanca surgen las deidades de la clase natural; de la luz pura verde surgen las deidades de la clase *vajra*; de la luz pura roja surgen las deidades de la clase del loto; de la luz pura azul surgen las deidades de la clase de la joya; de la luz pura amarilla surgen las deidades de la clase *visvavajra*.

Las cinco luces puras dan lugar a los cinco grandes poderes o energías. La luz pura blanca da lugar al poder de la compasión; la luz pura verde da lugar al poder de la paz; la luz pura roja da lugar al poder de la profundidad; la luz pura azul da

Tabla de correspondencias

Unión de los cuatro chakras y el espejo de la mente luminosa

Luces	Pasiones	Elementos internos	Puertas	Caminos o canales	Canales subsidiarios	Impurezas (órganos huecos)	Ramas o extremidades	Índice de los sentidos
Blanca	Ira	Hueso	Corazón	Ojos: El canal del corazón son los ojos	Cejas	Estómago	Brazo derecho	Objetos visibles
Verde	Orgullo	Aliento	Pulmones	Nariz: El canal del pulmón es la nariz	Barbilla	Intestino grueso	Brazo izquierdo	Olores
Roja	Deseo	Calor	Hígado	Lengua: El canal del hígado es la lengua	Vello púbico	Vesícula biliar	Pierna izquierda	Sabores
Azul	Ignorancia	Sangre	Riñones	Oídos: El canal de los riñones son los oídos	Cabello	Vejiga	Cabeza	Sonidos
Amarilla	Celos y envidia	Carne	Bazo	Labios: El canal del bazo son los labios	Vello del pecho	Intestino delgado	Pierna derecha	Objetos tangibles

Tabla de correspondencias
Unión de los cuatro chakras y el espejo de la mente luminosa

Luces	Nacimiento	Lokas	Divinidades puras	Demonios	Deidades de acción	Kayas
Blanca	Nacimiento milagroso	Infierno	Kun-Nang Chapa	Demonio de la ilusión	Deidades pacíficas	Dharmakaya
Verde	Nacimiento de un huevo	Semidioses	Ge-lha-Gar-Cug	Demonio de los agregados		
Roja	Nacimiento del calor	Espíritus hambrientos	Che-Drang-Ngos-Med	Demonios de los engaños	Deidades dominantes	Sambhogakaya
Azul	Nacimiento de la humedad	Animales	Ga-wa-Don-Drup	Demonio de la ignorancia	Deidades iracundas	Nirmanakaya
Amarilla	Nacimiento de un útero	Humanos	Sal-wa-Rang-jung	Demonio de la muerte	Deidades enriquicedoras o de incremento	

lugar al poder de la generosidad; la luz pura amarilla da lugar al poder de la sabiduría.

Las cinco luces puras dan lugar a los cinco resultados o grandes efectos: la luz pura blanca da lugar a la mente libre de engaño; la luz pura verde da lugar al surgimiento de las cualidades puras; la luz pura roja da lugar a los no-oscurecimientos de las cualidades positivas; la luz pura azul da lugar a la perfección sin esfuerzo que está unida a la acción, y la luz pura amarilla da lugar a la condición de inmutabilidad.

Las cinco luces puras dan lugar a los cinco *mandalas* de la Gran Perfección. La luz pura blanca da lugar al *mandala* de la Gran Perfección del espacio, que clarifica la existencia y la hace posible. Sin este espacio no podría surgir la estructura de la existencia fenoménica. La luz pura verde da lugar al *mandala* de la Gran Perfección del viento o aire, que nos permite permanecer parados sin caernos. La luz pura roja da lugar al *mandala* de la Gran Perfección del fuego y la brillantez. La luz pura azul da lugar al *mandala* de la Gran Perfección de la causa secundaria del crecimiento, que es como la medicina que devuelve la salud a un moribundo. La luz pura amarilla da lugar al *mandala* de la Gran Perfección de la causa primaria del crecimiento.

Nirvana y Samsara

Este análisis de la evolución de la existencia por medio de los cinco colores puros es análogo a la figura simbólica tradicional conocida como "La Rueda de la Realización y la Ilusión". La formación de los cinco elementos puros, los cinco órganos internos, las cinco sabidurías y demás, tal como están presentadas en esa figura, presuponen la percepción y la comprensión puras, así como el desarrollo concomitante del proceso de liberación nirvánica. En el caso de la percepción ilusoria, las cinco luces puras se deterioran en los cinco elementos burdos, que degeneran en los cinco venenos o pasiones, las cinco enfermedades, etc., y dan lugar al proceso completo de la transmigración samsárica.

EL PROCESO DE *SAMSARA*

La distracción por los pensamientos ilusorios nos lleva a interpretar erróneamente la naturaleza de las cinco luces y, por lo tanto, a no comprender que los cinco elementos son las manifestaciones de la energía de nuestro propio estado primordial. Entonces, cuando vemos las manifestaciones de los elementos, como son las tres grandes visiones que surgen en el *bardo*, las entendemos mal, y erróneamente las seguimos como si fueran externas.

El proceso de la comprensión errónea derivada de la ilusión refleja a manera de un espejo, y en una forma distorsionada, el proceso de la evolución de los elementos ya mencionados antes, por lo que no lo repetiré extensamente. Las correspondencias de los colores con las cinco luces, los elementos, conciencias sensoriales, etc., coinciden con las de la percepción pura.

Las explicaciones de las correspondencias entre los colores de las cinco luces puras y las cinco pasiones y planos de existencia están muy claros en "El Espejo de la Mente Luminosa", el cual expondré en seguida.

El Espejo de la Mente Luminosa

Cuando Nangzher Lodpo le preguntó a Tapihritsa sobre la causa de *samsara* y *nirvana*, Tapihritsa respondió: "La causa del *samsara* y *nirvana* es la gran base (o estado primordial)". "El

Espejo de la Mente Luminosa", que también explica cómo permanecer en el estado de contemplación, es la continuación de la respuesta de Tapihritsa.

> De la energía (dang, gdangs) del vacío del estado primordial surge la presencia o claridad (selwa, gsal ba) que da lugar a las cinco luces.

Si la naturaleza de las cinco luces se percibe desde la percepción pura, ellas dan origen a los cinco elementos puros y se lleva a cabo el proceso que culmina en el *nirvana*.

En el caso de la generación del *samsara*, a causa de la ilusión (o engaño), no entendemos los elementos como manifestaciones de las luces puras de nuestro estado primordial, y entonces los percibimos de manera impura como externos e imperfectos. La diferencia entre *nirvana* y *samsara*, entre liberación e ilusión, radica precisamente en la diferencia entre la comprensión y el engaño, entre la presencia y la ausencia de la realización de nuestra verdadera condición.

Este texto da una explicación detallada de cómo el movimiento de la energía radiante origina el prana kármico del movimiento, dando lugar a la conciencia de la mente conceptual. El "prana de incremento" y el "prana del generar" producen el "sonido como luz" que es la base de las tres grandes visiones. Cuando no se entiende el origen de las cinco luces puras, éstas se materializan, a través de estos movimientos, en los cinco elementos densos y se vuelven la causa de todas nuestras contaminaciones, las cinco pasiones, las cinco enfermedades, etc.

Las cinco luces puras se conectan con las cinco pasiones. Cuando existe distorsión con respecto a las luces, se manifiestan como las cinco pasiones en lugar de las cinco sabidurías. La luz blanca se conecta con la ira, la luz verde con el orgullo, la luz roja con el deseo, la luz azul con la ignorancia, y la luz amarilla con la envidia y los celos.

El elemento interno correspondiente a la luz blanca es la mente (o la estructura ósea); el aliento corresponde a la luz verde; el calor corporal, a la luz roja; la sangre, a la luz azul; la masa corpórea, a la luz amarilla.

Las cinco luces se mueven desde su posición dentro del cuerpo, a través de los canales y salen por los órganos de los sentidos, para conectarse con los respectivos objetos de los sentidos. La luz blanca se localiza en el corazón y circula a través del canal que, se conecta con los objetos visibles a través de los ojos (como su "puerta"); la luz verde está en los pulmones y corre a través del canal que se conecta con los olores por medio de la nariz; la luz roja se ubica en el hígado y corre a través del canal que se conecta con los sabores por medio de la lengua; la luz azul se localiza en los riñones y corre a través del canal que se conecta con los sonidos por medio de los oídos; la luz amarilla se localiza en el bazo y corre a través del canal que se conecta con los objetos tangibles por medio de los labios.

Las correspondencias de las luces con las ramas o extremidades son: el brazo derecho, con la luz blanca; el brazo izquierdo, con la luz verde; la pierna izquierda, con la luz roja; la cabeza, con la luz azul; la pierna derecha, con la luz amarilla.

La rama subsidiaria de la luz blanca son las cejas; la de la luz verde es la barba; la de la luz roja, el vello púbico; la de la luz azul, el cabello; la de la luz amarilla, el vello del pecho.

Las cinco luces corresponden a los siguientes órganos huecos o impuros: la luz blanca corresponde al estómago; la luz verde, al intestino grueso; la luz roja, a la vesícula biliar; la luz azul, a la vejiga; la luz amarilla al intestino delgado.

El texto explica luego en detalle las correspondencias entre las luces y los tipos de nacimiento posibles para los seres sintientes. La luz blanca conduce al nacimiento milagroso; la luz verde, al nacimiento de un huevo; la luz roja, al nacimiento del calor; la luz azul, al nacimiento de la humedad; la luz amarilla, al nacimiento de un útero.

Las cinco luces dan lugar a la reencarnación en diferentes *lokas* o dimensiones de existencia. La luz blanca causa el renacimiento en el infierno; la luz verde, el renacimiento en el plano de los semidioses; la luz roja, el renacimiento en el plano de los espíritus hambrientos o *pretas*; la luz azul, el renacimiento como un animal, y la luz amarilla, el renacimiento como humano.

Las cinco luces corresponden a las cinco deidades puras: la luz blanca corresponde a Kunang Chapa (*Ku nang Chaba*); la luz verde, a Gelha Garchug (*Ge lha Gar cug*); la luz roja, a Chedrang Ngomé (*Che drang Ngos med*); la luz azul, a Gawa Dondrup (*Ga va Don drup*), y la luz amarilla, a Salwa Ranjung (*Sal wa Rang byung*). Y también corresponden a los siguientes demonios: la luz blanca corresponde al Demonio de la ilusión, la luz verde, al Demonio de los Agregados; la luz roja, al Demonio de los Engaños; la luz azul, al Demonio de la Ignorancia; la luz amarilla, al Demonio de la Muerte.

Existen grupos de deidades activas que corresponden a las cinco luces. Las deidades pacíficas en el este, que vencen las enfermedades y las provocaciones de los "dön" (*gDon*), corresponden a la luz blanca. Las deidades dominantes en el oeste, quienes controlan el poder de los dioses, demonios y humanos que pueden causar problemas, a la luz roja. Las deidades iracundas, que no pueden ser controladas por las deidades dominantes, a la luz azul. Las deidades enriquecedoras, que mejoran la vida y la práctica espiritual, a la luz amarilla.

La luz blanca corresponde a *Dharmakaya*; la luz roja, a *Sambhogakaya*, y la luz azul, a *Nirmanakaya*.

De este análisis podemos observar que la existencia interna total en el *mandala* del cuerpo y la existencia externa en el *mandala* del universo se derivan de los cinco elementos, la forma material de las cinco luces puras. Las luces puras son la energía del espacio vacío del estado primordial que está más allá del *samsara* y *nirvana*.

CAPÍTULO 14

TRIKAYA
LAS TRES DIMENSIONES

La esencia vacía de la mente es Dharmakaya.
La naturaleza clara de la mente es Sambhogakaya.
La no dualidad de la mente es Nirmanakaya.

EL PRINCIPIO DEL TRIKAYA

Según las enseñanzas Bön, los cuerpos o dimensiones (sánscr. *Trikaya*, tib. *Ku sum*) son en sí mismos el estado búdico. Los tres cuerpos son *Dharmakaya*, que la tradición Bön traduce al tibetano como "*Bonku*" (*bon sku*), el Cuerpo del Bön; *Sambhogakaya*, el Cuerpo de Perfección (*Dzogku, rdzogs sku*), y *Nirmanakaya* (*Tulku, sprul sku*), el Cuerpo de Emanación o Manifestación. Me voy a referir a ellos por sus nombres en sánscrito, con los cuales los lectores probablemente estarán más familiarizados. *Dharmakaya* es el vacío del estado natural de la realidad; *Sambhogakaya* es la claridad del estado natural; *Nirmanakaya* es el movimiento de energía que surge de la inseparabilidad del vacío y la claridad.

En el vacío está la esencia de toda la existencia; es la base *kunzhi*, la presencia pura de la claridad en la base vacía, sin forma. Su cualidad potencial de manifestación ininterrumpida es *Sambhogakaya*; el estado inseparable del espacio sin forma y la presencia clara que dan lugar a la manifestación ininterrumpida de *Nirmanakaya*. Sin embargo, cada *kaya* contiene los aspectos de los otros *kayas*; así, el vacío tiene los aspectos de claridad y movimiento, la claridad tiene los aspectos del vacío y el movimiento, y el movimiento tiene los aspectos del vacío y la claridad.

La dimensión o "castillo" de *Dharmakaya* es la base que lo permea todo, donde la conciencia despierta primordial se autoperfecciona espontáneamente. De acuerdo con una explicación exclusiva del *Zhang Zhung Nyan Gyud*, en el corazón hay vacío puro, que es *Dharmakaya*; éste genera la luz que es *Sambhogakaya*, y esta luz se comunica a los ojos; la inseparabilidad del vacío del corazón y la luz generada en el corazón es *Nirmanakaya*, la dimensión de la manifestación; así que la luz proyectada a través de los ojos (y de los otros sentidos) se manifiesta como las tres grandes visiones: sonido, luz y rayos. De hecho, sonido, luz y rayos encuentran su perfección en los tres *kayas*.

Dharmakaya es la conciencia despierta primordial que espontáneamente se perfecciona a sí misma y reside en el elemento del espacio vacío en el corazón. El sambhogakaya es la cualidad potencial de manifestación del movimiento del sonido, las luces y los rayos, que se perfecciona por sí mismo en el espacio vacío del corazón. Aquí hay una tendencia al dualismo, y el *Sambhogakaya* se conecta con la realidad individual. Otra imagen del *Zhang Zhung Nyan Gyud* es la de una piedra roja cubierta por un cristal. La piedra roja representa el corazón, y el cristal, la carne y la grasa del cuerpo humano. Esto indica que la luz reside en el corazón físico, como se explicó en "Las Cinco Luces". *Nirmanakaya* se localiza en los tres canales y los seis chakras y, a través de la cualidad potencial del movimiento, se manifiesta externamente a través de los cinco sentidos. El símbolo tradicional de la realización individual es la mantequilla, la cual está latente en la leche, que hay que batir para que se manifieste. La naturaleza de la leche es *Dharma-*

kaya, su potencial para volverse mantequilla es *Sambhogakaya*, y el movimiento de mi mano en el espacio es *Nirmanakaya*. Si no hubiera espacio, no habría mano, y si no hubiera mano, no habría movimiento. Otro ejemplo: la naturaleza de un objeto como un micrófono es el *Dharmakaya* del micrófono, el micrófono material en sí mismo es el *Sambhogakaya*, y su función es el *Nirmanakaya*. Entonces, es importante entender que el espacio tiene esta cualidad potencial para manifestar el movimiento de la luz, los rayos y el sonido. Según Dzogchen, este movimiento no es creado por la mente del individuo sino que es descubierto y desarrollado por ella; el desarrollo de este potencial es lo que hace posible finalmente la realización.

El *Dharmakaya* que lo permea todo, el estado primordial natural vacío, no tiene dualismo, como tampoco *chabrig*, la conciencia despierta que permea toda la existencia; cuando está conectado con la dimensión individual, es *Sambhogakaya*; cuando se combinan estas dos, y la conciencia despierta primordial reside en el cuerpo físico, es *Nirmanakaya*. De hecho, sin un cuerpo, sólo podría existir *Dharmakaya* y, por lo tanto, no habría *Sambhogakaya* o *Nirmanakaya*.

El Buda de *Dharmakaya*, Kuntuzangpo, representa el *kunzhi*, la base de todo. En ese espacio vacío, sin forma, está la presencia clara y pura que es *Sambhogakaya*. En la inseparabilidad del espacio vacío sin forma y la presencia clara, surge el movimiento. Éste es *Nirmanakaya*. Toda la existencia, en forma de las tres grande visiones, se deriva del movimiento de la energía en la dimensión de *Nirmanakaya*.

TSAL Y EL *TRIKAYA*

Las tres grandes visiones o movimientos de energía también se relacionan con el principio del *Trikaya* dentro del individuo.

Dharmakaya es el espacio vacío sin forma, que es el estado natural de la mente sin pensamientos, el *kunzhi* o base de todo. *Sambhogakaya* es la presencia clara y espontánea de *rigpa* en el vacío, el estado natural de la mente. *Nirmanakaya* es la inseparabilidad del espacio vacío sin forma y la claridad. Esta inseparabilidad da lugar al movimiento de energía en la forma de pensamientos. También en el estado intermedio del *bardo*, todos los movimientos de la mente surgen en forma de las tres grandes visiones. Allí, percibirlas como nuestra propia manifestación es comprender, lo cual nos conduce al *nirvana*; no percibirlas de ese modo es engañarnos, lo cual nos hace regresar a *samsara*.

El *TRIKAYA* EN EL INDIVIDUO

Los tres *kayas* están latentes en el individuo. Se autoperfeccionan en nuestra propia naturaleza, no son extraños a nosotros. En el cuerpo físico, la existencia de los tres canales y de los seis chakras como base es *Dharmakaya*. Los canales y chakras reales son el *Sambhogakaya*, y su manifestación funcional es *Nirmanakaya*. *Dharmakaya* es primordialmente la presencia sin base, que surge y se perfecciona por sí misma. La aparición de imágenes, por ejemplo durante el retiro en la oscuridad, causada por la relación entre el cuerpo y la mente, es *Sambhogakaya*, y la aparición de nuestro propio cuerpo visualizado y todas las acciones efectuadas a lo largo de la visualización son *Nirmanakaya*.

Los tres *kayas* se autoperfeccionan espontáneamente en el estado primordial puro de la mente; ellos ya están perfeccionados en nuestra propia naturaleza.

Los tres *kayas* pueden aplicarse también al individuo de acuerdo con otros dos esquemas. En el primero, los *kayas* caracterizan los aspectos de la base, el camino y el fruto del trabajo del individuo como practicante.

Dharmakaya de la base es el principio de vacío. *Sambhogakaya* de la base es el principio de claridad o de la conciencia despierta que lo permea todo. *Nirmanakaya* de la base es la energía compasiva, la potencialidad para la manifestación que resulta del hecho de que el vacío y la claridad que lo permean todo no están separados.

Dharmakaya del camino es el proceso de desarrollo de los tres *kayas* en la práctica real del camino. *Sambhogakaya* es la experiencia de la claridad que se desarrolla durante el proceso. Es la conciencia despierta de los sucesos reales de la experiencia.

Dharmakaya del resultado es la condición verdadera de la realización.

En el segundo esquema, los tres *kayas* se subdividen por sí mismos de manera que tenemos tres triplicidades:

Primera triplicidad:
El vacío del vacío o *Dharmakaya* de *Dharmakaya*
La claridad del vacío o *Sambhogakaya* de *Dharmakaya*
La energía del vacío o *Nirmanakaya* de *Dharmakaya*

Segunda triplicidad:
El vacío de la claridad o *Dharmakaya* de *Sambhogakaya*
La claridad de la claridad o *Sambhogakaya* de *Sambhogakaya*
La energía de la claridad o *Nirmanakaya* de *Sambhogakaya*

Tercera triplicidad:
El vacío de la energía o *Dharmakaya* de *Nirmanakaya*
La claridad de la energía o *Sambhogakaya* de *Nirmanakaya*
La energía de la energía o *Nirmanakaya* de *Nirmanakaya*

En la primera triplicidad, vacío, claridad y energía permanecen sin ser mancillados por cualquier tipo de experiencias. Son lo que son primordial y eternamente. El vacío permanece vacío aun cuando sea inseparable de la claridad; aunque esta inseparabilidad sea el potencial para la manifestación energética.

En la segunda triplicidad nos ocupamos de aquello que aparece. El vacío de la claridad es el vacío que es la naturaleza de todo lo que aparece. La claridad de la claridad es lo que aparece. La energía de la claridad son los sucesos reales que siguen a la manifestación de aquello que aparece.

En la tercera triplicidad nos ocupamos de los sucesos concretos y las manifestaciones. Esto se entiende mejor a través del ejemplo de una pasión como la ira. El vacío de la energía, en relación con la ira, sería el vacío esencial o la naturaleza ilusoria de la ira; es decir, el hecho de que cada pasión está fundamentalmente vacía y en realidad no es como parece ser. La claridad de la energía respecto a la ira es la manifestación de la ira misma, que se manifiesta como la expresión de la ira. La energía de la ira respecto a la ira es la acción que resulta de la ira.

EL BUDA DE LA BASE, EL BUDA DEL CAMINO Y EL BUDA DEL FRUTO

Las enseñanzas Dzogchen también explican al Buda de la base, al Buda del camino y al Buda de la perfección.

El Buda de la base (o "iluminado en la base") es la conciencia despierta primordial o sabiduría interna que se autoperfecciona en el corazón. En realidad, ya sea que lo descubramos o no, el estado primordial siempre está ahí, en nosotros: es inherente a toda existencia. La sabiduría primordial en el corazón tiene la cualidad potencial de manifestar sonido, luz y rayos, el gozo supremo y el estado despierto. Cuando la conciencia despierta primordial, que abre todas las puertas de la realización, se despierta comenzamos a "ver" de una manera diferente. La sabiduría de *rigpa* que surge de los canales y chakras a través de los ojos, que son las puertas de la luz, es el camino del Buda manifiesto cuando lo descubrimos y lo practicamos. Es el Buda de la perfección cuando lo realizamos, cuando nuestros ojos (y todos nuestros sentidos) se abren y nos integramos con cualquier cosa que surja, comprendiendo que todo es el Buda manifiesto, sin importar si lo que aparece es un Buda o un animal. El Buda de la perfección es integrar completamente la sabiduría con la visión y los demás sentidos y no regresar jamás a la ilusión.

En términos de su localización física, la conciencia despierta primordial en el corazón es el Buda primordial; las puertas del despertar potencial en los canales conectados con el corazón es el Buda manifiesto; su manifestación fuera de estas puertas es el Buda de perfección.

Dharmakaya	Buda de la base	Buda primordial
Sambhogakaya	Buda del camino	Buda manifiesto
Nirmanakaya	Buda del fruto	Buda de perfección

Comprendemos plenamente la perfección de los tres kayas cuando logramos la realización final. Éste es el resultado final o efecto de la práctica de meditación. La transformación tiene lugar de manera tal, que el cuerpo físico normal de carne y hueso se transforma en el cuerpo puro; y la mente que produce pensamientos se transforma en la sabiduría no conceptual. En esta etapa *Dharmakaya* se explica como vacío; *Sambhogakaya*, como la manifestación interna de la energía en forma de luz, y *Nirmanakaya*, como la manifestación externa de la energía.

EL *TRIKAYA* EN SUTRA, TANTRA Y DZOGCHEN

La forma, lo que carece de forma y los movimientos o manifestaciones de las formas son los principios básicos subyacentes en Sutra, Tantra y Dzogchen.

De acuerdo con el sistema del Sutra, el estado sin forma es la verdad absoluta, *Dharmakaya*. Sólo después de la realización pueden comprenderse los estados con forma en términos de la verdad absoluta. En este sistema no se reconoce que los tres *kayas* ya están espontáneamente perfeccionados en nuestra propia naturaleza.

En el Tantra, el ser vacío es *Dharmakaya*, la deidad que aparece en uno mismo es *Sambhogakaya*, y la inseparabilidad de uno mismo y la deidad es *Nirmanakaya*.

En el Dzogchen, la realización significa comprender que la mente es Buda. La naturaleza vacía de la mente es *Dharmakaya*, la claridad de la mente es *Sambhogakaya*, y todas las manifestaciones de la mente (incluyendo las pasiones) son *Nirmanakaya*. *Dharmakaya*, la base sin forma de todo, la verdad absoluta, la condición absoluta, está representada por Kuntuzangpo, desnudo y sin adornos. *Sambhogakaya* es Shenlha Okar, adornado con joyas, que representa la presencia clara en el estado informe. *Nirmanakaya* es Tapihritsa, la manifestación humana que surge de la unión de la claridad y el espacio.

Es importante darnos cuenta de que el rendir homenaje a Kuntuzangpo por medio de ofrendas de incienso y demás, sólo tiene sentido si reconocemos que su desnudez es la imagen de nuestro propio estado sin forma, que proyectamos en la representación.

Cuando practicamos el vacío que descubrimos en la mente, en nosotros mismos, es *Dharmakaya*; la existencia sutil de la claridad, la autocomprensión, es *Sambhogakaya*, y todos los conceptos, recuerdos o pasiones que se manifiestan son *Nirmanakaya*.

LAS PASIONES Y EL *TRIKAYA*

La figura de la "Rueda de la Base Primordial" explica un método práctico para obtener la experiencia de la perfección de los tres *kayas* en la base *kunzhi* a través de las pasiones.

Cuando estamos sentados meditando, generamos una pasión tal como la ira, y entonces observamos la ira cuando surge en la mente. La miramos directamente y vemos que desaparece. No podemos decir que desaparezca dentro de sí misma, sino que, más bien, desaparece del mismo modo como surge. El estado dentro del cual desaparece, en el cual se libera a sí misma, es el estado puro de la ira. De este modo vemos que la cualidad inherente a cada movimiento de la mente, a cada pasión y a cada pensamiento, es la pureza. Si permanecemos en el estado en el cual desaparece la ira, nos encontramos con que no encontramos la ira. Podemos utilizar el mismo ejemplo tibetano de perder un yak e ir a buscarlo y no encontrarlo. Lo que encontramos es que no encontramos al yak. De la misma manera, tratamos de generar ira y luego, en vez de acrecentarla o desarrollarla, la observamos para ver su cualidad. Así, descubrimos que el estado natural de ira es el vacío. Podemos aplicar esto a todos los pensamientos y todas las pasiones que surgen; todas funcionan del mismo modo.

Todas las manifestaciones de las pasiones son *Nirmanakaya*, y en *Nirmanakaya* toda existencia se deriva del movimiento de energía en el estado de inseparabilidad de vacío y claridad, de *Dharmakaya* y *Sambhogakaya*.

Al observar la mente podemos ver que todos los movimientos mentales, todas las pasiones y todos los pensamientos contienen dentro de sí mismos las cualidades o aspectos de los tres *kayas*. Los Tantras dicen que la ira, en la forma de la deidad de la ira, es un antídoto para la ira. Esto significa que observar la ira y ver su vacío inherente es el antídoto de la ira. Esto significa que hay que experimentar su presencia y la inseparabilidad de la presencia y el vacío.

En Dzogchen no usamos un antídoto sino que, más bien, comprendemos los aspectos de los tres *kayas* en cada movimiento de la mente: cuando observamos la disolución de una pasión en el estado puro, esto es el *Dharmakaya* de la pasión, la base potencial de la pasión. Su presencia clara en el estado puro es el *Sambhogakaya* de la pasión, que es la cualidad potencial de la pasión. La inseparabilidad de la claridad de la pasión y el estado vacío en el que se fundamenta es el *Nirmanakaya* de la pasión, la manifestación real de la pasión. En términos prácticos, esto significa que cuando surge la ira, podemos ver la ira en nosotros mismos; pero cuando tratamos de examinarla detenidamente, sólo encontramos el vacío inherente de la ira, el *Dharmakaya* de la ira. En el estado de vacío hay una presencia que es el *Sambhogakaya* de la ira y la inseparabilidad del vacío de la ira y la presencia clara es el *Nirmanakaya* de la ira. Ser capaces de encontrar los tres kayas en todo aquello que aparece interna y externamente como manifestación de nuestra energía inherente, tanto en la mente como en el mundo externo, significa descubrir que todo es Buda.

CAPÍTULO 15

TREKCHÖD Y THOGAL

Esta Gran Plenitud, destilación de la esencia,
No se corrobora como una sola, es muchas.
No siendo muchas, mora como una sola.
La separación entre una y muchas no existe.
Incluso su inexistencia está más allá del decir
"inexistencia"
Y aun la misma convención de decir "más allá"
no la mencionó nunca Shenrab.

Muchas de las enseñanzas del *Zhang Zhung Nyan Gyud* están relacionadas con la luz.

Dzogchen es un camino directo, y las prácticas más avanzadas se enfocan en los método de *Trekchöd* y *Thogal*, que son exclusivos de Dzogchen. *Trekchöd* significa "soltar cortando". Es la práctica de contemplación con un señalamiento único y consiste en permanecer en el estado natural. *Thogal* significa "trabajar" o esforzarse para alcanzar la realización directa. No sólo se trata de permanecer en el estado de contemplación, sino también de trabajar para integrar la contemplación con el movimiento de energía en forma de luz y visiones. Básicamente esto implica la contemplación de la luz. Este trabajo con la luz y las visiones es especialmente útil en el *bardo* cuando surgen las tres grandes visiones. A través de esta práctica podemos entender las diferencias y conexiones entre la dimensión sutil y su representación física sólida, nuestra visión kármica.

RECOMENDACIONES PRÁCTICAS EN *TREKCHÖD* Y *THOGAL*

Trekchöd consiste en permanecer en el estado de contemplación, morar en la esencia natural del estado puro de la mente. Es muy importante alcanzar estabilidad en *trekchöd* antes de embarcarse en la práctica de *thogal*, porque de otro modo nuestra contemplación no será lo suficientemente fuerte para que podamos integrarla con las visiones, cuando éstas surjan, a fin de desarrollar *thogal*.

Muchos maestros dicen que las prácticas de *thogal* son difíciles de ejecutar, pero sin duda es útil recibir enseñanzas sobre *thogal* aunque todavía no seamos capaces de practicarlo. Si bien es verdad que toma mucho tiempo estabilizar nuestra contemplación a través de la práctica de *trekchöd*, esto no debería convertirse en obstáculo para comenzar a practicar *thogal*; de otra manera podríamos llegar al final de nuestra vida sin haber hecho la práctica de *thogal*.

Las enseñanzas de este tipo de práctica fueron mantenidas muy en secreto por todos los maestros del linaje, desde Shenrab Miwoche hasta los maestros del pasado reciente, muchos de los cuales realizaron el cuerpo de arco iris. Mi maestro, que me reveló estas enseñanzas, subrayó su gran importancia; pero también señaló que, si bien en tiempos antiguos, considerados como una época de oro, era correcto mantener en secreto estas enseñanzas, no deberían guardarse en secreto en una época como la nuestra, tan llena de problemas y dificultades, porque existe el riesgo de que se extinga el linaje de estas enseñanzas.

THOGAL

Las enseñanzas *Thogal* en el *Zhang Zhung Nyan Gyud* describen la luz clara y las visiones que surgen naturalmente, así como también la manera en que surgen y cómo se incorporan al camino. Se trata de visiones de puntos luminosos o semillas de luz y de telarañas de luz en configuraciones de Budas, *mandalas*, etc., que se forman de la estructura inherente de la luz, la expresión de energía de la claridad en el estado primordial. Las prácticas *thogal* específicas incluyen el retiro en la oscuridad, en el cual la práctica se hace en completa oscuridad (normalmente se hace durante cuarenta y nueve días, aunque algunos practicantes de Dzogchen duraron muchos años en retiro en la oscuridad); o también mirar al sol, a la luna, o al cielo. Todas estas técnicas se usan para hacer posible que las visiones surjan espontáneamente de lo recóndito de nuestra mente. Entonces se trabaja con lo siguiente:

Se usan cinco formas de mirar para mejorar la visión en la práctica de *thogal*:

1. La mirada iracunda, con los ojos entornados hacia arriba; es útil cuando nos sentimos somnolientos.
2. La mirada pacífica, con los ojos entornados hacia abajo; es útil cuando nuestra mente está muy agitada.
3. La mirada de bodhisatva, con los ojos mirando al frente, se utiliza cuando la mente está calmada.
4. La mirada del método, con los ojos entornados hacia la derecha, desarrolla el método.
5. La mirada de sabiduría, con los ojos entornados hacia la izquierda, desarrolla la sabiduría.

Hay tres tipos más de mirada en la práctica de *thogal*: la mirada de rueda; la mirada de león y la mirada secreta.

Se pueden manifestar *mandalas*, *tigles* (puntos luminosos de luz), puntos blancos, arco iris circulares, imágenes de Budas, deidades y dimensiones búdicas. Son las manifestaciones naturales de nuestro *Sambhogakaya* y surgen a través del canal de sabiduría que une nuestro corazón con nuestros ojos. Cuando lo anterior se manifiesta, la práctica es intermitente, como el sol visto a través de las nubes: a veces estamos en el estado de presencia, otras veces seguimos las luces. A veces parece que practicamos, a veces no; se presentan muchas dudas que es necesario aclarar con el maestro.

De este modo experimentamos y conocemos directamente las semillas que son la base u origen de las visiones puras, las cuales son como estrellas en el espacio. Cuando comenzamos a practicar *thogal*, el movimiento es más intenso. Es como desplegar una seda china multicolor: de repente vemos muchos colores en el espacio, como si viéramos arco iris por doquier. Ésta es la visión principal, la base de las luces de cinco colores, de donde surgen todas las visiones; ésta es la importancia de las cinco luces, las cuales dan lugar a *nirvana* y a *samsara*.

Trabajar con el movimiento de luz en la práctica de *thogal* es más fácil que trabajar con los objetos sólidos que vemos y los sonidos que oímos normalmente en la vida diaria, con los cuales ya estamos familiarizados. Las visiones *thogal* surgen como la manifestación externa de las experiencias internas. Hay textos que describen el "movimiento de la energía de la luz externa" y los signos que aparecen durante las visiones.

Se les dan diferentes nombres a cada visión. Por ejemplo, el "pez de los rayos en movimiento" se refiere a las visiones que se mueven de la misma manera como un pez lo hace en las olas. El texto explica que debemos tratar de "pescar el pez de los rayos en movimiento en la red de la oscuridad" y describe el estado de presencia de la "flecha" que debemos disparar al blanco, que en este caso es el pez. La visión es el pez y la flecha; el instrumento de captura es la presencia.

LAS CUATRO VISIONES DE *THOGAL*

Las cuatro etapas de la práctica de *thogal* se conocen como las "cuatro visiones de *thogal*". Éstas son:

1. La experiencia visionaria de la realidad absoluta;
2. El aumento e intensificación de la experiencia visionaria;
3. La maduración de la conciencia despierta de rigpa hasta su plenitud;
4. La consumación final y el agotamiento de los fenómenos.

El *Zhang Zhung Nyan Gyud* también contiene una descripción de estas cuatro etapas, única en su género, con las fases de la luna creciente en la primera mitad del mes lunar y con los cinco caminos del entrenamiento del Sutra.

Antes de exponer estas cuatro etapas sería útil examinar las cuatro formas en las que surgen las visiones. La primera forma es a través de la autopurificación del estado primordial. Esto sucede porque las visiones son inherentes a la naturaleza del estado primordial, que es la luminosidad. La segunda forma es la utilización de métodos adecuados. Éstos son eficaces porque las visiones están presentes en el estado primordial del mismo modo como la mantequilla existe en la leche, y así como se bate la leche para extraer la mantequilla, podemos extraer visiones del estado si conocemos los métodos adecuados. La tercera forma es el surgimiento espontáneo de visiones como una señal de progreso en la práctica. En este caso es importante distinguir entre las visiones puras y las impuras; estas últimas pueden convertirse en obstáculos para nuestro progreso en el camino de la práctica. La cuarta forma es el modo espontáneo como surgen las visiones durante el *bardo*.

La primera de las cuatro etapas se presenta cuando la visión comienza a surgir y tenemos introspección directa en la naturaleza de la realidad. Esta experiencia corresponde a la realización en el camino sútrico de acumulación. La segunda etapa ocurre cuando la visión que surge se aproxima al desarrollo y tenemos mayor experiencia. Esto corresponde al camino del esfuerzo. La tercera etapa es el desarrollo y maduración de la conciencia despierta de la visión hasta alcanzar su perfección, y corresponde al camino del reconocimiento y al camino de la meditación. Finalmente, la cuarta visión, que corresponde al camino en el que ya no se requiere del entrenamiento, es la etapa de la visión completa. En esta etapa, en la disolución de los fenómenos ilusorios, nos integramos completamente con la visión de la totalidad.

Más específicamente, durante la primera etapa hay dos luces, una interna y una externa. Cuando comenzamos a practicar, sentimos como si una luz saliera de nosotros. Aquí el símbolo de la luz es el "*tigle* de *rigpa* del color del vidrio", quiere decir que uno se siente como si estuviera mirando por el fondo de una botella. Los *tigles* son muy luminosos y pueden variar de tamaño; los más pequeños pueden ser del tamaño de un chícharo, otros pueden ser más grandes. Muchos *tigles* también pueden aparecer unidos en diversas formas; horizontal, vertical, etc., en hileras o cadenas, en cuyo caso se les llama el "hilo de la compasión" o el "hilo plateado", porque son blancos y luminosos y parecen de plata. Los *tigles* pueden aparecer solos o unidos; no hay límites para las posibilidades de las visiones.

Cuando comenzamos a practicar, los tipos de visiones que surgen también dependen de nuestros elementos personales. Para algunos practicantes la visión puede ser predominantemente blanca, para otros roja, etc. Esto quiere decir que nuestros elementos internos no están bien balanceados. Cuando somos capaces de integrarlos, los elementos por sí mismos se ajustan. Nosotros mismos podemos ver cuando los colores de nuestra visión se balancean, pues entonces no predomina ningún color; por ejemplo, si el rojo era el único color, ahora comienzan a aparecer otros colores. Esto indica que nuestros elementos internos están balanceados y en armonía.

A veces los colores aparecen por separado: primero rojo, luego azul, blanco, etc.; otras veces surgen símbolos con visiones reflejadas dentro de ellos. A menudo fluctúan estas visiones, como un destello luminoso que desaparece cuando lo miramos. Algunas veces podemos ver una ciudad completa, o puede aparecer un país completo con sus montañas, en un *tigle* pequeño. No obstante esto no debe sorprendernos, ya que con nuestros ojos pequeños somos capaces de ver cosas muy grandes. A veces, cuando vemos que está surgiendo una visión, ésta desaparece inmediatamente; o bien puede permanecer un corto tiempo y luego desaparecer, como en un videojuego. Es difícil definir o explicar por qué podemos ver muchas cosas de diferentes maneras.

Esta primera etapa es el fundamento, la base, en la cual los rayos, luces, *tigles* e hileras de *tigles* nunca permanecen quietos en un solo lugar. Son como una cascada que cae de una montaña alta o como gotas de mercurio que se mueven constantemente. Todo se mueve en esta etapa. Cuando el movimiento interno se manifiesta mientras practicamos en el estado de presencia, fácilmente podemos comenzar mirando en una dirección y terminar mirando en otra. No es lo mismo que observar un objeto inmóvil con los ojos enfocados en un punto en el espacio como en la práctica *zhiné*. Se lo describe como si fuera un espejo y una flecha; cuando el movimiento es muy rápido y difícil de parar, resulta incluso difícil entender qué se está moviendo. A veces parece que es la visión lo que se está moviendo, otras veces podríamos pensar que son nuestros ojos, o que el movimiento es interno, la energía interna de *rigpa*. De hecho, en *thogal* todo está conectado: las visiones externas, los ojos y la energía interna, y en la primera etapa todo esto se mueve al mismo tiempo. Pero es importante entender que una vez que la presencia se estabiliza adecuadamente, podemos detener el movimiento. Esto es lo que se describe como "pescar el pez en la red de la oscuridad": fijar el movimiento a través de la presencia estable.

En este momento la presencia se concentra en un solo punto, y la experiencia interna se vuelve pura y clara, sin movimiento. Permanecemos en la unión del vacío y el *rigpa* claro; la madre y el hijo están unidos y felices. Esto da lugar a un gozo especial, y en ese momento ya no importa tener o no sesiones limitadas de práctica; se termina la brecha entre la práctica y la no práctica. El fin de la primera etapa corresponde al tercer o cuarto día del mes lunar, cuando la luna comienza a crecer.

En la segunda etapa, la visión comienza a desarrollarse. Al principio podemos ver luz clara en todas direcciones, vemos todo como luz. Después comenzamos a distinguir los *tigles* de *rigpa*, porque ahora tenemos una experiencia más cercana y precisa de los elementos, aunque éstos todavía no están totalmente bajo control. En la segunda etapa los elementos están balanceados; entonces aparece en las visiones algo completamente diferente: vemos las cinco luces, *tigles*, arco iris redondos y luces en forma de tiendas de campaña. Las visiones son muy puras y claras. Asimismo, los hilos plateados aparecen rodeados por los cinco colores; aparecen sílabas, letras, imágenes y estupas junto con los *tigles* de la conciencia despierta. Dentro de las visiones están todos los colores: no hay límite para la aparición de las visiones. De hecho, las personas que no han practicado ni han tenido experiencia con las sílabas o deidades específicas, pueden ver imágenes, que son un reflejo de su propia visión interna y difieren por completo de las que se describen en los textos.

La forma mejor y más fácil de desarrollar estas visiones es hacer un retiro en la oscuridad; o practicar mirando los rayos del sol (pero no directamente al sol) al amanecer o al atardecer, uniendo las manos para que los dedos filtren los rayos de luz, y así lograr una conexión entre la luz interna y la luz externa. Cuando observamos los rayos externos en esta forma, mientras permanecemos en el estado de presencia, éstos actúan como causas secundarias para producir las proyecciones de la luz interior en la palma de la mano. Al principio no vemos mucho, pero luego se desarrolla la visión de manera que se vuelve fácil ver las luces. Otras formas de practicar consisten en mirar los rayos de luz que se filtran a través de las persianas de las ventanas, o sentarse en una colina y mirar el punto donde se unen una montaña y el espacio (esto da lugar a la llamada visión "de ceja"). Una ventaja del retiro en la oscuridad es que podemos practicar sin ningún requerimiento (tal como los rayos del sol) o sin distracciones del mundo exterior, por lo que es más fácil lograr la integración.

La característica de la segunda etapa es que todas las visiones y los movimientos son más estables. El movimiento del "pez" es más lento e incluso puede detenerse por completo. La estabilidad es el primer signo de desarrollo. Es como el mar que se aquieta cuando deja de agitarlo el viento.

Al detenerse el movimiento, debemos tratar de concentrarnos más. Esta etapa es como el quinto o sexto día de la luna creciente cuando la luna comienza a elevarse. Aunque formalmente no estemos practicando, seguimos todavía en la práctica. Podemos tener la experiencia de terminar una sesión de práctica y descubrir que todavía continuamos practicando.

En la tercera etapa las visiones pueden estabilizarse y aquietarse o pueden moverse. Pueden aparecer diferentes sílabas o partes del cuerpo y pueden surgir visiones de Budas y *mandalas*. En esta realidad vacía, ya no hay diferencia entre visiones externas y experiencias internas, sujeto y objeto, *nirvana* y *samsara*. En este punto estamos en el octavo y noveno día del mes lunar, a la mitad de las fases de la luna creciente.

Comenzamos yendo más allá de las sesiones limitadas de práctica y a lo que debemos aspirar es a estabilizar por igual todos los momentos y sucesos en el estado de presencia. Al desarrollar esto, nos encontramos en presencia tanto en las sesiones formales de práctica como fuera de ellas: ésta es la continuidad natural de la presencia. Sin embargo, en esta etapa debemos incluso desechar la idea de la práctica y la no práctica por ser dualista. Entramos en la meditación del espacio interior y abandonamos este sutil concepto dualista.

El desarrollo de esta etapa nos lleva a perfeccionar las visiones: de *mandalas*, mundos puros de Budas, de los cinco Budas *Dhyani*, u otros Budas, los cuales surgen perfecta y espontáneamente dotados de todas las cualidades virtuosas. Todo es perfecto en el estado primordial del individuo; nada se oculta y todo se manifiesta. En la visión pura se manifiestan todos los *mandalas* de las deidades pacíficas e iracundas. Vemos ininterrumpidamente y sin límites a todas las deidades principales y secundarias y sus *mandalas* en forma clara y precisa, con todos sus ornamentos y atributos.

El texto explica que el practicante verá cinco grupos de deidades; sin embargo, como las visiones son la manifestación externalizada de nuestra condición natural, no hay límites en cuanto al tipo de visiones que podemos tener. De hecho, la visión en sí misma no es importante: lo que importa es integrarla y darnos cuenta de que la fuente de la visión es nuestro propio estado primordial.

En esta etapa las visiones son muy estables y aquietadas, como una tortuga en una pila de agua que se mete en su caparazón y deja de moverse. Son visiones de perfección porque surgen del estado primordial. Todo el mundo exterior se ve como luz. Podemos entender por qué la existencia inherente a todas las cosas externas, tales como casas, montañas, etc., es luz, y sólo cuando nos apegamos a ellas se vuelven sólidas. Decir que existen como luz, significa que se derivan de los elementos que se originan en la luz y que se solidifican en la existencia concreta. La cuestión es entender cómo la realidad entera se origina a partir de ese estado, es decir, de la luz que puede transformarse a sí misma en objetos materiales.

En esta etapa también podemos hablar del único sabor. Esto significa que incluso debe abandonarse el concepto dualista sutil de presencia y la ausencia de presencia. Debemos estar libres de cualquier conflicto o esfuerzo para practicar; debemos estar más allá del concepto de práctica y practicante. Estos conceptos se liberan en el estado primordial, y permanecemos en la mente pura sin meditación y sin distracción. De hecho, en Dzogchen la mejor meditación es la "no meditación", es decir, más allá de la meditación. Nos volvemos uno con la meditación: ya no hay un meditador, una meditación o algo en qué meditar. Pero esto no significa que no haya nada que hacer y que ya nos vayamos a dormir; significa que lo que se necesita es permanecer, de manera espontánea y sin esfuerzo, en la presencia, en la meditación sin distracción. Si no se requiere ningún esfuerzo de concentración, eso significa que no hay distracción.

Al final de esta etapa, nos encontramos en el decimotercero y decimocuarto día del mes lunar. Durante estos dos días todavía hay meditación en el espacio. Inicialmente, a través de la integración superamos el dualismo entre la práctica y la no práctica. Después vamos también más allá del sutil concepto dualista de integración, de la contemplación y la no contemplación en las cuales integrarla, para llegar a la continuidad espontánea del estado, que es la meditación en el espacio, en la nada o el vacío, donde no hay sujeto u objeto, no hay interior ni exterior. En la etapa final, o etapa de realización, debemos también superar el concepto mismo de presencia o meditación.

La cuarta etapa es la visión última o máxima. Aquí se desvanecen todas las visiones de formas, deidades y *mandalas*. Como inherentemente están vacías, desaparecen en el vacío que es su misma esencia, en el *kunzhi* o estado primordial sin atributos. Cuando suspendemos el pensamiento, todo se detiene. Todos los conceptos, incluyendo el concepto de meditación, se liberan en el estado puro; todas las formas y visiones basadas en el sonido, que hemos descrito, así como los mismos sonidos, luces y rayos desaparecen en el estado primordial. Todos los sonidos desaparecen como un eco; la luz desaparece como un arco iris desvaneciéndose en el cielo; todos los rayos que se manifiestan como formas y cuerpos desaparecen como reflejos en el agua. Es difícil explicar cómo desaparecen: se dice que es como "el sueño de un hombre tonto". Todo se desvanece, como el hijo que regresa al regazo de la madre. Ésta es la autoliberación total, en la que incluso ya ni siquiera existe la posibilidad de los conceptos. Finalmente entendemos que no hay ilusión ni liberación; tenemos ya la comprensión definitiva de la fuente original, de la cual todo proviene y a la que todo regresa. Terminan todos los conceptos duales sutiles, incluyendo el de meditación y no meditación; existe el vacío y la nada. Solamente hay sabiduría. Alguien podría objetar que si hay sabiduría, hay algo; pero la sabiduría no es un concepto, es conocimiento directo sin mediación del pensamiento; entonces ya no existe la categoría de algo y de nada. Ya no tenemos ninguna expectativa, nada que aceptar o a que renunciar. Esta etapa es como el espacio en el cual se desvanecen los elementos, la realidad del vacío que está más allá de *samsara* y *nirvana*.

Esto sucede en el día quince del mes lunar, la luna llena, y hemos logrado la etapa final, el estado primordial, el mundo del Buda primordial Kuntuzangpo; estamos en su ciudadela. Cuando alguien dice una mentira y otra persona le dice: "Eso es mentira", la mentira se desvanece; de la misma manera todos los conceptos se desvanecen a través de esta sabiduría que comprende que éstos no existen.

El resultado final, iluminación o realización, no es sino esto. A través de esta práctica obtenemos comprensión real, ya no tenemos expectativas sobre deidades y demás cosas, todo se desvanece. Cuando alcanzamos esta etapa hay una transformación, y el cuerpo físico se transforma en el cuerpo puro de luz; la mente junto con todos sus pensamientos se transforma en sabiduría, la cual no tiene conceptos. En esta condición los tres *kayas* se perfeccionan: *Dharmakaya* es vacío; *Sambhogakaya* es luz y manifestación interna de la energía; *Nirmanakaya* es la manifestación externa de la energía. La comprensión de la naturaleza luminosa de la realidad da como resultado el fruto máximo de la práctica de *thogal*, la realización de la transferencia al cuerpo de luz, en el cual la materia física del cuerpo es transustanciada y se disuelve a su estado esencial como energía pura en forma de luz.

Ésta es la explicación de la práctica hábil de *thogal* del camino Dzogchen, el cual se puede recorrer y realizar en una sola vida, "en un solo esqueleto", o en el lenguaje de Dzogchen, "en una vida y un cuerpo".

Löpon Tenzin Namdak Rínpoche
con el autor, Dolanji, 1986

El monasterio Nangzhig, en el Tíbet, 1986

Escuela de Dialéctica de los Monjes, Dolanji, 1992

El autor con su familia, Dolanji, 1986

CAPÍTULO 16

SUTRA Y DZOGCHEN

LA REALIDAD ABSOLUTA SEGÚN SUTRA Y DZOGCHEN

Sutra y Dzogchen presentan diferentes enfoques respecto a la manera como entiende cada uno el significado de realidad absoluta. Según el Sutra del sistema filosófico "El Camino Medio" (*Madhyamika*), la realidad absoluta se define como "sin existencia inherente". Esta falta de existencia inherente es en sí misma vacío. Posee la cualidad llamada en Dzogchen pureza primordial. Según el Dzogchen, la realidad absoluta no sólo posee esta cualidad, sino también la inseparabilidad de la pureza primordial y la realización perfecta y espontánea: del vacío y la claridad, de la esencia y la naturaleza.

Según el Sutra, la realidad absoluta se define solamente con la cualidad del vacío, mientras que en Dzogchen la realidad absoluta se refiere al vacío unido inseparablemente a la claridad. La "ausencia de existencia inherente" se define como esencia (*ngo bo*), la base de todo (*kunzhi*) o la madre (*ma*). Entender el vacío únicamente no es sabiduría primordial. En Dzogchen el énfasis radica en comprender la inseparabilidad de claridad y vacío en el estado primordial.

En el sistema del Sutra el énfasis está en la unificación de la verdad relativa y la absoluta, lo cual es una de las cosas más difíciles de comprender. Es más fácil comprender la falta de existencia inherente que la verdad relativa, es decir que haya existencia relativa. Así como hay la realidad absoluta del vacío, así también tenemos la realidad relativa de la existencia sutil. Pero aún habiendo existencia, si tratamos de buscarla no encontramos nada. No obstante sabemos que existe, pero aquí no se trata de un conocimiento normal, puesto que hay tanto existencia como inexistencia. Dzogchen habla de la inseparabilidad del vacío ("inexistencia") y la claridad ("existencia") en el estado natural.

LA VERDAD ABSOLUTA SEGÚN SUTRA Y DZOGCHEN

El octavo vehículo del Bön, la "Vía de la A Blanca", coincide con el Dzogchen al encontrar cuatro errores en la perspectiva del Sutra acerca de la verdad máxima:

1. El error de la "finalización". Desde la perspectiva del Sutra, la verdad absoluta de la ausencia de existencia inherente es una "negación no afirmante". Al dar una forma "definitiva" a la definición de la realidad, insistiendo en que solamente hay vacío, y no existencia, el Sutra niega la perfección espontánea y la potencialidad de la sabiduría del absoluto.

2. El error de "dejarse deslizar". Según al punto de vista Sutra, todos los fenómenos carecen de existencia inherente y por lo tanto carecen de las cualidades de la manifestación potencial y la perfección espontánea. El practicante Sutra entiende la realidad solamente como vacío y simplemente se deja "deslizar" en el vacío.

3. El error de "ser nihilísticamente limitado". Conforme a la perspectiva del Sutra, a la negativa no afirmante le falta el reconocimiento de la sabiduría y del *Sambhogakaya*, ya que no se define a sí misma como espontáneamente perfecta como el espacio. Esta limitación de

la verdad al vacío significa que es "limitado nihilísticamente".

4. El error de ser "nihilista". Según el punto de vista del
   Sutra, la validez de la ley de causa y efecto, que funciona en la existencia relativa, es establecida por la
   mente convencional, conceptual y analítica. Como la
   existencia de esta mente tiene que establecerse a través
   de la misma mente conceptual, esto lleva a una infinita regresión de mentes conceptuales confirmando la
   existencia de mentes conceptuales. Éste es el error del
   "nihilismo".

CÓMO DESCUBRIR EL VACÍO

Aunque las enseñanzas del Sutra tienen la misma meta que las
enseñanzas Dzogchen, es decir, descubrir la verdad absoluta,
ambas difieren en sus respectivos métodos para llevar a cabo
este descubrimiento. Cuando los maestros de Sutra hablan de
lograr la comprensión del vacío, se refieren a un entendimiento al cual se llega a través de la mente conceptual, a través del
pensamiento. En el sistema del Sutra un practicante observa
un objeto y trata de entender su esencia vacía. Esta comprensión surge a través del concepto de vacío. Entonces, con ese
entendimiento conceptual, el practicante trata de penetrar a
una comprensión directa y no conceptual del vacío.

En cambio Dzogchen, en lugar de analizar un objeto mediante el pensamiento conceptual, utiliza la transmisión directa –la introducción directa e inmediata al vacío, junto con diversas formas de *zhiné*– y llega así a comprender la naturaleza
vacía de la realidad y el aspecto vacío del estado primordial.

Para entender el vacío, un practicante de Sutra investigará un objeto, por ejemplo, una rosa, a fin de examinar su vacío inherente. Cuando ve la rosa, su mente forma un concepto, esto es, una imagen de la rosa, y experimenta la abstracción del significado de "rosa" y no la percepción sensorial real de la rosa. Al cambiar la percepción sensorial de una rosa por un concepto mental, proyecta el significado abstracto de "rosa", formado por la mente, sobre la rosa verdadera; y proyecta el significado abstracto del "vacío", formado por la mente, sobre el significado abstracto de "rosa". Entonces, por lógica, entiende el vacío inherente de la rosa. Pero según Dzogchen, este entendimiento del vacío a base de conceptos mentales, por su significado abstracto, no es necesario para experimentar directamente el vacío de la rosa verdadera en sí misma. Aunque la meta es la percepción directa del vacío, el practicante de Sutra puede pasar muchos años conociendo únicamente el concepto o significado abstracto del vacío, sin llegar nunca a su percepción directa y experiencia inmediata. En la práctica pone más énfasis en el concepto de vacío que en la experiencia directa del vacío. El adepto practica *zhiné* por un lado, mientras por el otro estudia para entender el vacío. Quiere entender la verdad relativa y la verdad absoluta a través de la lógica, y entonces trata de integrar este entendimiento con la práctica *zhiné* de concentración. Esto significa que, al desarrollar el pensamiento del vacío, ésta comprensión se vuelve cada vez más clara, hasta que en la etapa final es de esperarse que se manifieste la comprensión total a través de la claridad sin pensamientos; sin embargo, debido a que se llega a este entendimiento a través del análisis conceptual, siempre habrá un punto central del cuál parta el análisis. Por lo tanto, ese entendimiento queda siempre ligado al pensamiento conceptual.

Esto no es la comprensión directa del vacío que encontramos en Dzogchen, la cual se logra directamente a través de la práctica y sin que medie el pensamiento. De hecho, según Dzogchen, el pensamiento "Ahora entiendo el vacío", no es verdadera comprensión sino solamente otro pensamiento. En la comprensión directa del vacío en Dzogchen, no hay sujeto ni objeto, ni referencia a un punto central.

En la tradición sútrica, el uso del concepto de vacío para llevar gradualmente al practicante a una experiencia de vacío, demuestra la perspectiva gradual del camino del Sutra. El Dzogchen, en cambio, no es un camino gradual, desde el mero principio el maestro enseña al practicante a lograr sin pensamientos la comprensión directa del vacío, mediante la práctica de *zhiné*. A través de la aplicación de la mente sin pensamientos y sin conceptos, logramos la presencia sin distracción y la comprensión de la inseparabilidad de vacío y claridad. La comprensión del vacío surge directamente por la claridad, sin la mediación de la mente generadora de pensamientos.

Esta forma de llegar al conocimiento es exclusiva del Dzogchen. Algunos practicantes de Sutra se escandalizan cuando les decimos que en Dzogchen la experiencia del vacío es inmediata, que se logra mediante la percepción directa sin utilizar la lógica. Dicen que eso no es posible. Pero el Dzogchen afirma que hay dos formas diferentes de adquirir conocimiento: por la lógica y a través de la experiencia. Según el Dzogchen, la mejor manera de comprender el vacío no es utilizando el pensamiento, porque de esa manera el entendimiento alcanzado nunca puede ir más allá del nivel conceptual. La mente lógica llega a entender el concepto lógico del vacío, pero la verdad del vacío está más allá de los pensamientos y los conceptos, escapa a la mente lógica. El vacío verdadero no puede comprenderse por inferencia lógica, porque el pensamiento, la mente conceptual, sólo puede entender el concepto o significado general del vacío y no puede percibir directamente el vacío en sí mismo.

¿Quién entiende, entonces, el vacío? Existe la autocomprensión del vacío por el vacío mismo, mediante ese aspecto de claridad del vacío que nos permite comprender a través de la percepción directa. La comprensión no está separada del vacío. El vacío se comprende a sí mismo y se ilumina a sí mismo, como en el ejemplo de la lámpara de aceite. En esto radica la inseparabilidad del vacío y claridad: la comprensión sin esfuerzo es claridad y conciencia despierta que se dan por sí mismas.

CAPÍTULO 17

BARDO
LA MUERTE Y OTROS
ESTADOS INTERMEDIOS

CÓMO PREPARARSE PARA LA MUERTE

Las prácticas que hacemos durante nuestra vida nos ayudan durante el proceso de muerte y el *bardo*. Por ejemplo, si tenemos una enfermedad mortal y nos damos cuenta de que vamos a morir pronto, ¿qué es lo mejor que podemos hacer? ¿Cómo nos preparamos para el momento de morir? En el último momento, cuando se detiene nuestra respiración, no podemos hacer una práctica para una vida larga porque nuestro cuerpo, habla y mente se debilitan tanto, que no podemos ni pensar ni actuar. Necesitamos entender de antemano lo que va a pasar en esos últimos momento, de instante en instante, y recordar cómo permanecer en el estado de presencia total. Necesitamos recordar a nuestro maestro, a nuestro *yidam* (deidad personal sagrada) y las enseñanzas de cómo permanecer en total conciencia despierta a lo largo de todo el sufrimiento de ese último momento entre la vida y la muerte. La gente que no tiene conexión con las enseñanzas encuentra muy difícil enfrentar el momento de la muerte o incluso pensar en ello, por miedo a lo desconocido y por su apego a la gente y a las posesiones en la vida.

Las personas que no se han topado con las enseñanzas, no tienen a menudo idea de la naturaleza de la muerte: de lo que probablemente les sucederá cuando llegue la muerte y de cómo prepararse para ello. Cuando una de estas personas, sabe que su muerte es inminente y recurre a mí, con gran ansiedad y perplejidad en busca de ayuda, hay poco que pueda yo hacer en términos de instrucciones precisas. Sólo puedo dar un poco de confianza. Por el contrario, la gente que ha escuchado las enseñanzas sobre el estado del bardo y se ha preparado para la muerte, la enfrenta, por consiguiente, con ecuanimidad y compostura. En el monasterio Bön donde me eduqué, había un monje anciano que sabía que pronto se iba a morir. No se desesperó. Por el contrario, comenzó a prepararse para la muerte regalando sus posesiones y arreglando todas las cosas que iba necesitar para su funeral, cosiendo las ropas especiales, comprando leña para la pira funeraria, etc. Pero mientras se estaba preparando, otro monje murió súbitamente, y Löpon Tenzin Namdak le preguntó al primer monje si podría dar sus ropas y leña para el funeral del otro monje. El monje accedió con jubilo y comenzó nuevamente a prepararse para su propia muerte. La noche en la que iba a morir, le pidió a Löpon Tenzin Namdak que se quedara con él para salmodiar las instrucciones del bardo sobre la muerte. Estaba preparado para su muerte y la enfrentó sin preocupación o ansiedad, porque durante su vida la práctica lo había preparado para este gran paso.

LA ANALOGÍA ENTRE LA MUERTE Y EL SUEÑO

Hay una analogía entre el proceso de muerte y el quedarse dormido. Antes de irnos a dormir pensamos: "Me estoy quedando dormido". Esto es comparable a saber que tenemos una enfermedad mortal. Entonces lentamente nos vamos quedando dormidos. Es como cuando los elementos "se repliegan" uno en el otro durante el proceso de muerte. La primera parte de nuestro sueño nocturno es muy profunda. Antes de que comiencen a surgir los sueños, nuestra mente no es consciente y no existe ningún tipo de conciencia despierta. Esta etapa es similar a cuando la mente o principio de conciencia regresa al estado primordial, en el momento de la muerte, en el primer *bardo* o "*bardo* fundamental de la base". Mientras soñamos no estamos seguros de si estamos vivos o muertos; sólo cuando despertamos en la mañana nos damos cuenta de que estábamos vivos. De la misma manera, durante el período inmediatamente posterior a la muerte, no entendemos en un principio que estamos muertos. No es fácil aceptar que ya hemos partido de la vida. Hay claridad en este estado; de hecho puede haber demasiada claridad, lo cual nos hace difícil permanecer presentes, como cuando un espejo refleja demasiada luz y no podemos ver. Esto es como el "*bardo* de la luz clara". Cuando surge la luz clara en el *bardo*, puede ser demasiado intensa y brillante.

Es el espacio vacío del *bardo* fundamental de la base de donde surgen las visiones del *bardo* de la luz clara. De la misma manera, los sueños se originan en nuestra mente cuando dormimos. Si nos distraemos por los contenidos de una visión al grado de llegar a sentir miedo, tendremos problemas, y el proceso de *samsara* comenzará; pero si reconocemos la naturaleza de las visiones, entonces sabemos que nada va pasar y no nos asustamos. Reconocemos las visiones como los productos de nuestra propia mente. Experimentamos el mismo espacio vacío en el sueño y después de la muerte. Si entendemos esto, estamos preparados para todas las luces, sonidos y visiones que surgirán cuando el proceso de claridad se desarrolle después de la muerte.

226 BARDO. LA MUERTE Y OTROS ESTADOS INTERMEDIOS

Práctica del sueño

Es una buena práctica reflexionar sobre estas cosas cuando nos estamos quedando dormidos y asimismo tratar de que los sueños no nos distraigan. Esto quiere decir que no sólo deberíamos tratar de entender que estamos soñando cuando soñamos, sino que deberíamos tratar de mantener la presencia de la conciencia despierta durante el sueño. A través de la práctica del sueño y de la práctica de la luz natural, desarrollamos la presencia en el estado puro natural de la mente durante el sueño. Si somos capaces de mantener la continuidad de la presencia durante nuestras horas de vigilia, finalmente seremos capaces de sostenerla en el momento de quedarnos dormidos, así como en nuestros sueños. Podemos entonces utilizar esta habilidad para permanecer conscientes cuando estamos soñando y así desarrollar otras prácticas, tales como las transformaciones tántricas. Mantener la presencia de la conciencia despierta mientras soñamos es también muy útil de esta manera: si somos capaces de controlar nuestra mente y nuestra visión de la realidad en nuestros sueños, entonces será más fácil controlar nuestra mente y nuestra visión de la realidad en la vida de vigilia. En esta forma podemos liberar nuestra capacidad y energía, desbloqueando las limitaciones que nos impone nuestra mente.

Nuestra capacidad de permanecer presentes en los sueños anticipa nuestra capacidad de permanecer presentes en el momento de la muerte y en el estado del *bardo*. Sin haber desarrollado la capacidad de practicar mientras soñamos o sin haber completado las prácticas *zhitro* de las deidades pacíficas e iracundas, es muy difícil lograr la realización en el *bardo*.

El proceso de muerte

La separación entre la vida y la muerte es potencialmente el límite entre el sufrimiento y la felicidad. Puede ser el momento de la liberación de los apegos y de las limitaciones de esta vida. Las enseñanzas del *bardo* en el *Zhang Zhung Nyan Gyud*, explican que durante el proceso de muerte los cinco elementos se disuelven o se "repliegan" cada uno en el otro. A medida que se debilita la fuerza de cada elemento y la parte correspondiente del cuerpo, aquél se reintegra en el siguiente elemento, que entonces se manifiesta. De este modo, cuando en la muerte se separan las mente y el cuerpo, la tierra (amarillo) se disuelve en el agua (azul), el agua en el fuego (rojo), el fuego en el aire (verde) y por último el aire se disuelve en el espacio (blanco). Finalmente el elemento espacio se disuelve en la "A", el *kunzhi*, el estado natural primordial. Esto revierte el orden en el cual los elementos se desenvuelven durante la formación del cuerpo físico. Es importante explicar estas enseñanzas a los hermanos y hermanas *vajra* cuando estén muriendo, aclarando sus dudas y recordándoles las enseñanzas y la práctica.

Cuando comienza el proceso de muerte, hay signos internos y externos. El primer signo interno es que decae el sistema de energía del bazo, indicando que el elemento tierra se está disolviendo. El signo externo es que disminuyen nuestras sensaciones de vigor y calor corporal. Ya no podemos levantar la mano izquierda, la extremidad conectada con el bazo. Debido a que la conciencia del cuerpo ha dejado de funcionar, perdemos el sentido del tacto y la capacidad de controlar nuestros movimientos. Perdemos poder sobre "las nueve aberturas", de las cuales los líquidos impuros comienzan a derramarse. En esta etapa se dice que el practicante superior debe morir en total conciencia despierta en el nivel de la perspectiva absoluta, "co-

mo un copo de nieve disolviéndose en el océano". Si somos
conscientes del proceso total de muerte, éste no será un obstáculo para continuar nuestra práctica, y así, nuestra comprensión de esta verdadera condición dará lugar a la realización. Si
somos practicantes intermedios, no seremos capaces de esto,
pero podremos todavía tratar de reconocer que nuestro bazo
ya no funciona y que declina nuestra energía; entonces esto no
se convierte en un obstáculo para continuar con nuestra presencia y comprensión.

El siguiente elemento, el agua, se disuelve en el fuego. Hay
disfunción de la energía de los riñones, perdemos el sentido
del oído y nuestro cuerpo pierde su brillo. No podemos mover la pierna izquierda, la extremidad conectada con los riñones, y perdemos control de la función urinaria.

Cuando el elemento fuego se disuelve en el aire, el órgano
correspondiente es el hígado. Se seca la lengua, y perdemos el
sentido del gusto y la sensación del calor corporal. No podemos mover nuestra mano derecha, y sale sangre por nuestra
nariz. Comenzamos a sentir frío.

Luego, el elemento aire (o viento) se disuelve en el elemento espacio, y los pulmones, los órganos asociados con el elemento aire, cesan de funcionar. Perdemos el sentido del olfato,
el uso de la pierna derecha y el control de la función excretora.

Cuando el elemento espacio se disuelve en el *kunzhi*, el
corazón, el órgano relacionado con el elemento espacio, deja
de funcionar, y perdemos el sentido de la vista, ya que el corazón está conectado con los ojos. El fluido vital sale del cuerpo.
El corazón también está conectado con la cabeza; entonces,
cuando dejar de trabajar, la cabeza se cae. Muchas veces, cuando
mueren grandes maestros, los cuatro elementos activos (tierra,
agua, fuego, y viento) siguen su proceso normal, pero la energía del elemento espacio no deja de funcionar inmediatamen-

te como sucede con los seres ordinarios: el corazón se conserva caliente por varios días después de la muerte. Por ejemplo, cuando murió el decimosexto Karmapa, su corazón permaneció caliente por tres días. Sus médicos estaban muy sorprendidos y no podían explicar lo que estaba sucediendo. A menudo la cabeza de un gran maestro permanece erguida y el cuerpo permanece en la postura de meditación durante tres días después de la muerte. Luego se desploma, y sale semen de su cuerpo. La energía del elemento espacio perdura en el corazón porque el maestro permanece en el estado de presencia.

Nosotros podemos tratar de conocer y tener presente el proceso de muerte visualizándolo cuando nos estamos quedando dormidos. Una forma de practicarlo es imaginar que el bazo deja de trabajar, luego los riñones, el hígado y los pulmones.

En cuanto a los chakras, el chakra que se disuelve cuando el elemento tierra se repliega en el elemento agua es el del ombligo. En este punto el cuerpo empieza a sentirse pesado. Cuando el proceso de muerte comienza, podemos tener ciertas visiones o experiencias, tales como ver luces externas que corresponden a los elementos internos. Cuando el chakra del ombligo se disuelve, es posible experimentar la aparición de destellos de luz amarilla. En este punto un compañero practicante debe recitar las oraciones del *bardo*, para recordarle a la persona moribunda la verdadera naturaleza de lo que está experimentando.

Cuando el elemento agua se repliega en el elemento fuego, el brillo del cuerpo desaparece y el chakra secreto se disuelve. Vemos destellos de luz azul. Se seca la humedad del cuerpo, y también los oídos y la nariz.

Cuando el elemento fuego se repliega en el elemento aire, el chakra de la garganta se disuelve. La persona moribunda ve destellos de luz roja. El calor del cuerpo desaparece y comenzamos a sentir una extraña sensación de entumecimiento en la lengua, y ya no podemos articular palabras.

Cuando el elemento aire se repliega en el elemento espacio, el chakra de la cabeza se disuelve y vemos destellos de luz verde. La conciencia del sentido de la mente se disuelve en la conciencia de la base *kunzhi* cuando se interrumpe la respiración. La disolución en el *kunzhi* de la conciencia del sentido del cuerpo físico de un gran practicante de Dzogchen, produce el cuerpo de arco iris; es cuando los elementos se repliegan progresivamente uno en otro y se disuelven finalmente en su naturaleza esencial, que es luz. La disolución de la conciencia del sentido del cuerpo físico no incluye las uñas y el pelo, que son las impurezas del cuerpo.

El proceso del *bardo* y de las visiones se inicia cuando se separan la mente y el cuerpo, y experimentamos la oscuridad negra y profunda. No podemos cerrar nuestros ojos, que giran hacia atrás, y vemos una luz blanca destellante. En este momento es importante que nuestro maestro y nuestros compañeros practicantes nos ayuden haciendo ruidos y gritando las enseñanzas para despertar nuestra mente.

No todos experimentan el proceso de muerte necesariamente del mismo modo. Si somos afortunados y nuestro karma es meritorio, podemos morir en forma natural, siendo capaces de estar totalmente conscientes del proceso de muerte y de recordar las enseñanzas. Pero si morimos cuando estamos en la inconsciencia o durante un accidente, la disolución progresiva de los elementos puede no ocurrir en una forma tan regular como la descrita; podemos no estar totalmente conscientes de ella porque el proceso total se comprime en un tiempo muy corto, que hace más difícil evitar la distracción. Necesitamos comprender el proceso de muerte tal como esté sucediendo, así sea largo o corto. Si no podemos estar conscientes de él, entonces es necesario estar consciente del momento en que comienza el *bardo*.

Las visiones que vemos en el momento de la muerte a menudo se relacionan con aquellas que surgen en el estado intermedio, de modo que debemos integrarlas todas. Por ejemplo: si morimos en un hospital, debemos tratar de ver a los doctores y enfermeras como visiones del *bardo*, para conectar de esta manera las dos visiones de vida y muerte.

LOS SEIS CONOCIMIENTOS CLAROS Y LOS SEIS RECUERDOS

A partir de la separación de la mente y del cuerpo en el momento de la muerte, el principio de conciencia ya no tiene el apoyo del cuerpo, y entonces es difícil no distraerse con las visiones que se presentan. La gente que no tiene una capacidad superior para el Dzogchen o para las prácticas tántricas elevadas, así como aquellos que tienen capacidad media y quienes sólo tienen enseñanzas y prácticas simples, deberán tratar de aplicar los "Seis conocimientos claros" y los "Seis recuerdos". Cada conocimiento claro y cada recuerdo nos sirven para recordarnos el siguiente.

Los seis conocimientos claros son:

1. El conocimiento de que nuestra vida está en el pasado, y nuestra muerte, en el presente. Primero debemos entender que ha habido una transformación y que estamos muertos, debemos ser capaces de distinguir entre la muerte como nuestro estado actual, y la vida como nuestra estado anterior. Atentos al proceso de muerte, recordamos la disolución de los elementos internos y comprendemos que ya no podemos continuar vivien-

do ahora que han cesado nuestras funciones, por lo que no deberíamos estar apegados a nada. En especial, debemos superar nuestro apego interno al cuerpo y nuestro apego externo a parientes y amigos, así como a los objetos y posesiones de nuestra vida pasada.

2. El conocimiento de que, al quedar la base libre de oscurecimientos, surge el conocimiento de causa y efecto.

3. El conocimiento de que a través de los ojos de las deidades hay conocimiento completo de las visiones puras e impuras y de las dimensiones.

4. El conocimiento de que cuando surgen las tres grandes visiones (sonido, luz, rayos) reconocemos estar ya en el bardo de la luz clara de la realidad esencial.

5. El conocimiento de que estas tres visiones son nuestra propia manifestación, a través de las instrucciones de nuestro maestro y la introducción a la naturaleza de la mente y de la existencia, surge entonces la comprensión de que el *Trikaya* existe espontáneamente en nuestra mente.

6. El conocimiento de que, a través de la introducción a la visión interna, las tres grandes visones se reconocen como la manifestación espontánea del *Trikaya* en nuestra mente.

Los seis recuerdos son:

1. Nuestras vidas pasadas. Nos acordamos de todas las visiones y experiencias de nuestras vidas pasadas.

2. El *bardo* y sus etapas. El reconocimiento de que estamos muertos nos sirve para acordarnos del *bardo* y sus etapas.

3. Esto nos recuerda que nuestra mente (principio de conciencia) no tiene soporte.

4. Esto nos recuerda a nuestro maestro y sus instrucciones, especialmente al maestro que nos dio instrucciones sobre el *bardo*.

5. Esto nos recuerda su explicación de que las tres grandes visiones son nuestra propia proyección, las manifestaciones de la energía de nuestro propio *rigpa*.

6. Esto nos recuerda las enseñanzas de nuestro maestro de que la esencia de nuestra mente es pura; recordamos a nuestro *yidam* (deidad sagrada personal), así como las prácticas a realizar en el *bardo*. Debemos visualizarnos como la deidad, recitar el mantra del corazón de la deidad y recordar a todas las deidades *zhitro*, pacíficas e iracundas, y la forma como se relacionan con nosotros. Esta práctica nos capacita para permanecer en el estado de presencia sin base y liberar nuestra mente en la naturaleza esencial de la realidad.

LAS VISIONES DEL *BARDO*

Cuando cesa la visión de los elementos externos –los elementos de la existencia mundana–, surgen las tres grandes visiones. Si reconocemos que son expresiones de la energía de nuestro propio *rigpa* y que estamos en el *bardo* de la luz clara, podemos evitar distraernos con las visiones del *bardo* y volver a recaer en la transmigración. En el *bardo* es especialmente importante recordar a nuestro maestro, las enseñanzas que hemos recibido y nuestra práctica. De ahí que un Lama haya dicho a sus seguidores que cuando él muriera, le gritaran el nombre de su maestro. Por supuesto sabía cuál era su nombre, pero quería que se lo recordaran para estar seguro de permanecer consciente.

Inmediatamente después de la muerte, nuestra mente se separa del cuerpo y, dependiendo del karma, permanece cerca del cuerpo de dos a tres días. Por esta razón el cuerpo no debe cremarse inmediatamente. Si no tenemos claridad durante esta fase, nuestra mente puede permanecer cerca del cuerpo cuatro o cinco días sin saber que éste ya está muerto o tal vez tratando de comprender lo que está pasando.

Si hemos realizado la práctica de transferencia o *phowa*, éste es el momento en que la presencia se manifiesta y transferimos nuestra mente desde la corona de nuestra cabeza. Lo mejor es hacer esto nosotros mismos pero, si no tenemos la capacidad, un Lama puede hacerlo. Aquí es importante no distraernos y unir nuestra esencia mental con la del maestro y con los tres *kayas* visualizados sobre nuestra cabeza. La práctica de *phowa* es importante si no somos capaces de autoliberarnos inmediatamente. El maestro de la persona fallecida, u otro Lama, realiza la práctica de *phowa* una vez a la semana por el muerto, alimenta su espíritu quemando ofrendas y recita las oraciones del *bardo*, durante cuarenta y nueve días, para guiar su mente a través de las experiencias del *bardo*.

UN RITO FUNERARIO DEL BÖN

Hay un ritual funerario especial, efectuado por un practicante bön, para hacer volver el *la* (alma o principio de conciencia) de la persona muerta y armonizar su energía. Si en la vida la persona tuvo un problema con el funcionamiento de su energía vital, por ejemplo, si sufrió una enfermedad grave, entonces su "piedra *la*", la "turquesa del alma", que se lleva en el cuello, se ata a una flecha y se pone en la pata delantera de un muñeco en forma de venado. Éste se coloca en un plato que flota en un recipiente con "agua blanca" (agua mezclada con leche), en cuyo fondo hay una piedra blanca y una negra. Durante el ritual, el agua se agita de forma que el plato se mueva; mientras tanto el Lama oficiante hace ofrendas e intenta llamar al alma de la persona. Si cuando el plato deja de moverse, el venado mira hacia el altar, es señal de que el ritual tuvo éxito. Si no mira hacia el altar sino hacia la entrada de la casa, el ritual no tuvo éxito y deberá repetirse hasta que él la haya regresado.

Si la disfunción energética es causada por enfermedad, entonces el practicante tiene que sacar del agua la piedra negra. Debe repetir esto hasta lograrlo. En un sistema ritual alternativo, debe jugar a los dados contra una persona que haya nacido en el año del animal opuesto al suyo, hasta ganarle. En el caso del ritual de los muertos, la turquesa de la persona muerta se le da al Lama y se pone sobre una tira de papel con un dibujo que representa a la persona y su nombre escrito. Entonces se queman los lugares del cuerpo que corresponden a los seis *lokas*, para eliminar y liberar todas las causas negativas del renacimiento. Cuando se hace *phowa* para otra persona es necesario tener su piedra *la*, o al menos el nombre o alguna representación simbólica de esa persona.

LOS *BARDOS*

Después de la muerte, durante la separación de la mente y el cuerpo, se disuelve en el espacio la conciencia de la mente: aquella que percibe la forma y todos los conceptos. La mente queda desnuda, y la conciencia despierta que existe por sí misma se vuelve clara y sin obstrucciones, libre de oscurecimientos. En ese momento la mente entra en el *bardo*.

Las enseñanzas del *bardo* se encuentran en dos textos en el ciclo del *Zhang Zhung Nyan Gyud*: "Los Cuatro Chakras" y "Las Instrucciones sobre las Seis Luces". Las diferentes enseñanzas y tradiciones señalan un número diferente de estados del *bardo*. "Los Cuatro Chakras" definen tres estados del bardo después de la muerte:

1. El estado del *bardo* fundamental de la base;
2. El estado de *bardo* de la luz clara.
3. El estado del *bardo* de la naturaleza de la existencia.

Se considera que un cuarto *bardo* es el estado de existencia cuando regresamos a nuestra vida siguiente. Según otro sistema, este cuarto *bardo* es el período entre el nacimiento y el surgimiento de la enfermedad fatal que nos llevará a nuestra muerte. El período entre el comienzo de la enfermedad mortal y la muerte misma es el quinto *bardo*.

EL *BARDO* FUNDAMENTAL DE LA BASE

Una vez que ha finalizado el proceso de muerte, el principio de conciencia entra en el estado del *bardo* fundamental de la base. Es un estado en blanco, vacío. En ese momento el maestro introduce a la persona fallecida a la inseparabilidad de la esencia y de la naturaleza. Reconocer esta inseparabilidad es nuestra principal práctica en la vida y nuestra amiga más útil en este momento importante del proceso de muerte. En el primer instante después de la muerte, no tiene importancia si en vida fuimos buenos practicantes y acumulamos muchos méritos o si fuimos practicantes inferiores y acumulamos muchas negatividades. En este preciso momento, haciendo caso omiso de si acumulamos méritos o no durante nuestra vida, todos podemos reconocer nuestra naturaleza esencial y liberarnos por nosotros mismos del *samsara*. De hecho, si no hay reconocimiento en este momento, incluso la acumulación de méritos no nos puede ayudar. Aquí el concepto del Sutra de causa y efecto ya no prevalece. Los esfuerzos que hicimos en nuestra vida pasada ya no cuentan. Éste es el momento de aplicar el "camino de la fuerza". Si en este momento tenemos la fuerza firme de nuestra práctica, podremos lograr rápidamente la iluminación. Al morir, la mente de cualquier persona es clara y pura; el principio de conciencia se descarga por el ojo derecho en los hombres y por el izquierdo en las mujeres. Deberemos intentar lanzarlo hacia arriba desde los ojos

EL *BARDO* DE LA LUZ CLARA

Si no somos capaces de liberarnos durante el *bardo* fundamental de la base, nuestra mente prosigue al estado del *bardo* de la luz clara. Surgen entonces visiones motivadas por el movimiento de la energía de *rigpa*. No obstante, entre el primero y el segundo *bardo* tenemos otra oportunidad de liberar nuestra mente, porque así como experimentamos claridad al despertarnos después de dormir, o cuando nos damos cuenta de nuestra "locura" samsárica, asimismo en este momento todo se vuelve muy claro. Antes de comenzar el *bardo* de la luz clara, hay un momento en que es posible tener presencia. Sin embargo, este momento es corto y, aunque muy claro, muy difícil de reconocer. Es el momento cuando el hijo, la conciencia despierta de *rigpa*, puede reconocer y estar presente en la madre, el *kunzhi* vacío, cuando ambos pueden reunirse. La oración del *bardo* dice:

Que la madre y el hijo se unan en el *bardo* de la luz clara.

Si en ese estado el hijo reconoce a la madre, nos podemos liberar de las limitaciones del cuerpo, la voz y la mente impuros. Todo se vuelve luz; la presencia de la conciencia despierta y la esencia vacía se unen como dos fuegos, donde cuerpo, voz y mente se purifican en el cuerpo, la voz y la mente puros de la iluminación.

El *bardo* fundamental de la base está completamente vacío: sentimos que no podemos cambiar nada. Por el contrario en el *bardo* de luz clara, encontramos claridad y es fácil trabajar con nuestra mente. La experiencia es similar a nuestras transformaciones durante un sueño. Aquí, el movimiento de *rigpa* produce visiones, y cuando los elementos internos dejan de funcionar, comienzan a surgir los colores de los elementos, dando lugar a la aparición de sonido, luces y rayos. A menudo, en este *bardo*, aparecen diferentes colores en diferentes días: primero blanco, luego verde, rojo, azul y amarillo, en correspondencia con los elementos.

Las visiones que se originan en el *bardo* de la luz clara parecen surgir externamente. Sin embargo, si la mente entiende el origen y la naturaleza de la visiones y, en especial, si entiende que realmente no hay nada con lo que pueda establecer contacto externamente, si se da cuenta de que lo que aparece surge dentro de la misma mente, entonces ve las visiones como su propia manifestación y de ese modo las libera. Desde el primer momento puede haber presencia, y la mente puede reconocer que las visiones provienen de su propia naturaleza. Pero si la mente se distrae entonces con las visiones, el *rigpa* se perturba; el yo se engaña respecto a la naturaleza de las visiones y se apega a ellas como si fueran algo externo. Entonces comienza el proceso de *samsara*. Si nos percatamos de la fuente y la naturaleza de las visiones y las integramos, unificando nuestra presencia con ellas, comienza entonces el proceso de las visiones puras. Las visiones surgen siendo puras, y el proceso de los elementos puros desarrolla todo tipo de formas, como manifestaciones del estado puro de *Sambhogakaya* en nosotros mismos. Si no alcanzamos la realización durante el *bardo* de la luz clara, se vuelve cada vez más difícil lograr la realización. De hecho, éste es el momento en el que surge el *samsara* (o *nirvana*) individual: si en este momento tenemos comprensión, nos liberamos en el *nirvana*, si nos engañamos, regresamos al *samsara*. El *Zhang Zhung Nyan Gyud* dice:

Aquí uno ve todas las dimensiones.
La luz es como un arco iris que surge en el cielo;
El sonido es como un dragón garuda, como los truenos;
Los rayos son como seda de diferentes colores.

LAS PRÁCTICAS *TREKCHÖD* Y *THOGAL* PARA EL *BARDO*

Las prácticas *trekchöd* y *thogal* corresponden a los dos bardos anteriores. De hecho, el propósito de las prácticas *trekchöd* y *thogal* es tener la posibilidad de alcanzar el cuerpo de arco iris al final de esta vida. Si fallamos en esto, podemos tratar de alcanzar la realización durante el bardo. Al bardo fundamental de la base le corresponde la práctica de *trekchöd*. Ésta da la posibilidad de integrar la presencia en la reunión de la madre y el hijo. Aquí estamos trabajando con la presencia simple, sin la visión. Al bardo de la luz clara le corresponde la práctica de *thogal*, en la que, como hemos visto, trabajamos con las visiones. En el retiro *thogal* en la oscuridad aparecen varias luces y visiones. Cuando surgen estas visiones, debemos permanecer en la presencia sin distracción, en el estado de contemplación, y aprender de lo que experimentamos para poder reconocer las visiones del *bardo* de la luz clara, cuando aparecen ahí, después de la muerte. A través de la práctica de *thogal* también aprendemos a integrar los objetos visualizados con los objetos físicos. Si logramos esto, podremos alcanzar la realización antes de la muerte y obtener el cuerpo de arco iris mediante la integración de nuestro cuerpo físico con la luz que constituye su misma naturaleza y que ya hemos visualizado en nuestra práctica.

Si hemos practicado *thogal* lo suficiente, seremos capaces de identificar las visiones que surgen en el bardo de la luz clara; esto será como reconocer a un viejo amigo. Entonces podremos liberarnos sabiendo cómo integrar estas visiones con el estado de conocimiento. Todas la manifestaciones de los *mandalas* internos surgen aquí a través del movimiento de la energía de nuestra mente.

Hay tres cosas que es importante recordar a fin de tener un entendimiento claro y preciso de que estamos en el *bardo*:

1. Tener una experiencia amplia de la luz clara durante nuestra vida a través de la práctica, especialmente haciendo el retiro en la oscuridad tan a menudo como sea posible.

2. Hacer un recordatorio muy claro de esta experiencia inmediatamente antes de la muerte verdadera, ya sea por nosotros mismos o por medio de nuestro maestro o de nuestros amigos espirituales, a fin de estar listos para nuestro último momento.

3. Reconocer las tres grandes visiones cuando surjan en el *bardo*.

Las tres cosas están estrechamente unidas. Si durante nuestra vida tenemos una experiencia amplia del surgimiento de las visiones a través de la práctica de *thogal*, esto evidentemente nos capacita para recordar la práctica y la naturaleza de las visiones en el momento anterior a la muerte; y de ese modo poder reconocerlas fácilmente cuando surjan en el *bardo*. De esta manera podemos alcanzar la liberación en el *bardo* de la luz clara mediante la integración en la esencia de la base. Este reconocimiento es la principal razón por la cual trabajamos con las visiones en la práctica de *thogal*.

En el *bardo* de la luz clara es de importancia para el practicante medio recordar a su maestro, las enseñanzas y su práctica. Un practicante inferior, que no ha tenido la experiencia del retiro en la oscuridad, debe tratar de comprender que las visiones que surjan son sus propias manifestaciones, como si fuera un sueño, y no distraerse ya sea porque lo atraigan o porque lo perturben.

EL *BARDO* DE LA EXISTENCIA

Al tercer bardo se le llama "el *bardo* de la existencia". La explicación de este *bardo* tiene tres partes:

1. Cómo surge este *bardo*.
2. Cómo "cortarlo" para autoliberarnos en este *bardo*.
3. Cómo podemos ser engañados en este *bardo* y regresar a la ilusión.

Este *bardo* surge cuando cesan todas las visiones de deidades, *mandalas* y luces del *bardo* de la luz clara. Nuestra mente ya no está sostenida por estas visiones, y comenzamos a sentirnos muy asustados, pensamos que ya no podemos cambiar nada. La mente no tiene apoyo. Nuestra experiencia es como en un sueño. Nos podemos mover a todos lados sin que nada nos detenga. Tenemos una imagen mental de nuestro cuerpo, pero no un cuerpo físico, y el único sentido de percepción que tenemos es mental. Tan pronto como pensamos en un lugar, llegamos ahí. Pensamos en hacer muchas cosas, pero no las podemos realizar. Nos experimentamos a nosotros mismos como en nuestra vida previa, tenemos la imagen mental del cuerpomente que teníamos en vida, así como todas las tendencias a actuar y a entrar en situaciones circunstanciales.

A fin de cortar con la experiencia del bardo de la existencia y obtener la liberación, debemos darnos cuenta de que nuestro principio de conciencia está en el bardo. Por ejemplo: si comenzamos a visitar las casas de amigos y parientes, nos damos cuenta de que somos incapaces de comunicarnos con ellos y de que nadie nos contesta o nos presta atención cuando los llamamos. Nadie nos ofrece una silla o un plato cuando llegamos a la mesa. Podemos observar que nuestro cuerpo físico fue cremado. En lugar de sentirnos decepcionados en el momento en que notamos tales cosas o pensar que algo anda mal, debemos entender que estamos muertos y recordar las enseñanzas y nuestra práctica.

En el *bardo* de la existencia es muy difícil evitar que las visiones nos distraigan y extravíen. Si no las reconocemos como expresiones de la perspectiva última de vacío, como un sueño o como nuestra propia manifestación, es muy fácil caer en el engaño en este *bardo*. Para prevenir esto, cualquier práctica será de utilidad, en especial si nuestro Lama y nuestros amigos espirituales practican con nosotros.

LOS TRES *BARDOS* Y LOS TRES NIVELES DE PRACTICANTES

Estos tres *bardos* corresponden a los tres niveles o cualidades de practicantes descritos anteriormente.

Si somos practicantes superiores, podemos alcanzar la realización en el *bardo* fundamentalmente de la base y no atravesar los otros *bardos*, a menos que conscientemente decidamos regresar en la próxima vida como un *Nirmanakaya*, para ayudar a los demás. Integramos la esencia única con la presencia y liberamos el cuerpo, voz y mente, abriéndolos a la iluminación. En las escrituras bön, se compara al practicante superior con el hijo de un león o un águila, o con el ave garuda, que genera su propia energía dentro del huevo una vez que su madre le ha preparado un nido en el espacio. Las energías se refieren a diferentes actividades, como, por ejemplo, volar, para que cuando el bebé garuda salga del cascarón pueda hacer inmediatamente todo lo que la madre puede hacer. El cuerpo es como el huevo y la mente es como el garuda: estamos generando energía con nuestra práctica para que cuando dejemos el cuerpo nos liberemos inmediatamente, como cuando el garuda abandona el cascarón abierto. Cuando la mente y el cuerpo se separan, la mente puede hacer cualquier cosa, y así el practicante superior se libera en el *bardo* fundamental de la base como si se encontrara con un viejo amigo.

Al hacer la práctica de *thogal*, en especial el retiro en la oscuridad y la práctica las deidades pacíficas e iracundas, para prepararnos para las visiones que surgen en el estado después de la muerte, como practicantes medios, seremos capaces de comprender el sonido y el movimiento de la energía como nuestras propias manifestaciones. Cuando veamos las luces del arco iris, las deidades, *mandalas*, *tigles* y colores, no los perseguiremos sino que los reconoceremos como proyecciones mentales. De este modo nos liberaremos sin esfuerzo en el *bardo* de la luz clara.

El practicante inferior obtiene la realización en el *bardo* de la existencia. Se dice que es como un niño pobre que se da cuenta de que es un rey y reclama su reino. En este *bardo* tenemos experiencias que nos hacer pensar que todavía estamos vivos y por lo mismo creamos apego a la vida; pero si entendemos que estamos muertos, es como si nos diéramos cuenta de nuestra dignidad de reyes, y el reino que obtenemos es la liberación.

Todas las prácticas que hacemos en nuestra vida son una preparación para la muerte y para estos tres *bardos*.

Para los practicantes, las experiencias del *bardo* son diferentes de las que tienen la gente sin noción de las enseñanzas, o que ha escuchado las enseñanzas pero no las ha practicado nunca. En el caso de aquellos que no son practicantes, el tipo de visiones del *bardo* que surgen depende de si sus actitudes mentales tienden hacia la virtud o hacia el vicio. Cuando las visiones surgen en el *bardo* de la luz clara, la gente dominada por los principales venenos emocionales –la ira, el apego, la ignorancia– tiene visiones que corresponden a los colores de las tres pasiones: amarillo para el apego, rojo (o blanco) para la ira, y azul para la ignorancia. Experimentan tormentas rojas en lo alto de la cabeza y, a través de las causas de los tres venenos emocionales básicos, renacen en las tres dimensiones inferiores: los planos de los seres del infierno, de los seres atormentados o *pretas* y de los animales. La gente cuyo principal veneno emocional fue el orgullo experimenta el color blanco y renace en el plano de los dioses. Aquéllos cuya pasión primaria fueron los celos experimentan el verde y renacen en la plano de los titanes o semidioses.

Las personas cuya mente es serena y compasiva por naturaleza experimentan los cinco colores mezclados y renacen en la dimensión humana pura, donde es posible recibir y practicar las enseñanzas y, quizá, tienen la oportunidad de escoger el *mandala* de su renacimiento.

SAMSARA Y NIRVANA

La filosofía convencional bön y budista dice que no hay un principio pero sí hay un final para *samsara*, a saber, cuando logramos la realización. Según Dzogchen, no hay un principio para *samsara* como tal, pero sí hay un principio para el *samsara* individual. El inicio de *samsara* es causado por la ignorancia. Si caemos en el engaño en los *bardos* de la luz clara y de la existencia y no reconocemos la verdadera naturaleza de las luces y visiones que experimentamos, entonces regresamos a *samsara* y tomamos otro cuerpo físico, no conscientemente, sino a través de la atracción del color de la luz de nuestra pasión dominante. El comienzo del samsara individual es ese momento de distracción, de ignorancia y equivocación, durante el estado intermedio entre la muerte y la próxima vida. De que seamos o no capaces de tener presencia en ese momento, depende si regresamos a *samsara* o alcanzamos el *nirvana*. El comprender la naturaleza del proceso de muerte, así como las luces y visiones en el *bardo*, da lugar al proceso del *nirvana* y a la obtención del cuerpo luz.

CONSEJOS SOBRE LA PRÁCTICA PARA EL *BARDO*

Se dice que el estado del *bardo* es como un sueño, porque así como en los sueños es difícil ser conscientes de que estamos soñando, en el bardo también es difícil darnos cuenta de que estamos en él. Si logramos darnos cuenta, nos es difícil permanecer estables, ya que no hay soporte o base. Podemos disiparnos y vernos influidos por cualquier cosa y, si logramos tener un poco de estabilidad, es fácil que influyan en nosotros las causas secundarias.

Si hemos recibido y practicado las enseñanzas del bardo, éstas pueden resultar mucho más útiles que cualquier otra enseñanza. Entonces ¿qué debemos practicar? Es necesario comprender bien las experiencias que nos encontramos a la hora de la muerte, para poder entender el proceso de disolución de los elementos conforme se va presentando. Con el fin de prepararnos para las visiones del bardo, es útil hacer prácticas *zhitro* durante el día y las prácticas del sueño y de la luz natural durante la noche, para no perder el tiempo mientras dormimos. No sólo debemos reconocer que estamos soñando, sino realizar la presencia en el sueño. Muchas personas que no siguen las enseñanzas también reconocen cuando están soñando, pero en nuestra práctica hay que permanecer presentes y llegar a dirigir y controlar nuestros sueños. Este importante entrenamiento puede marcar la diferencia entre tener presencia o estar en el engaño, entre la realización y la ilusión en el estado intermedio, entre el *samsara* y el *nirvana*.

Las enseñanzas del *bardo* contienen la esencia de todas las enseñanzas y de todas las virtudes. Puesto que el último momento de la mente es el más importante, son esenciales las enseñanzas sobre cómo trabajar en ese momento. Lo más importante que podemos hacer para prepararnos para la muerte es familiarizarnos con el proceso de la muerte; así, cuando llegue el momento real de la muerte, recordaremos lo que hay que hacer. En este contexto también es útil, para lograr conocimiento y experiencia en el proceso de muerte, ayudar a otros en el momento de la muerte, no sólo a compañeros practicantes sino también a gente común y corriente.

Las personas que tienen una mente fuerte y estable pueden ser capaces de llegar a alguna comprensión, aunque no hayan recibido enseñanzas. Para aquellos que tienen conocimiento de las enseñanzas, el comprenderlas dependerá de qué tan simple y directo sea nuestro acercamiento y de qué tan bien hayamos entendido las explicaciones.

De hecho las enseñanzas del *bardo* encierran la esencia de todas las enseñanzas y las virtudes. Puesto que el último momento de la mente es el más importante, el valor de estas enseñanzas es en verdad grandioso.

APÉNDICE I

PRIMER CICLO: LOS NUEVE VEHÍCULOS

Los Tesoros del Sur

Lo siguiente se basa en una presentación tradicional de los *Nueve Vehículos* tomada del *Gab'grel*, escrito y escondido por el sabio del siglo VIII, Dranpa Namkha y descubierto después por el *terton* Bande Misum (*Ban dhe Mi gsum*).

1. *El Vehículo de la Práctica Shen de Predicción (Phya gshen theg pa)*. Este Vehículo es particularmente adecuado para las actitudes ordinarias dualistas típicas de los humanos, pues su propósito es el de proteger las tres puertas de la existencia (cuerpo, voz y mente) de las negatividades. Sus métodos específicos se ocupan principalmente en el diagnóstico y armonización de los desequilibrios de energía en el individuo y en la naturaleza. La "perspectiva" de este vehículo es comparable a un espía que observa al enemigo desde una colina y de esta manera mantiene el control. Los métodos usados son la adivinación (*mo*), cálculos astrológicos y geománticos (*rtsis*), rituales (*gto*), diagnóstico médico (*dpyad*) y terapias (*sman*).

Hay varias formas de efectuar las adivinaciones. La mayoría de las adivinaciones se conectan con deidades, lo que quiere decir que el adivino debe realizar antes la práctica de la deidad. Una de las principales adivinaciones se llama el Zhang Zhung Juthig, utilizada también por los budistas tibetanos de la escuela nyingmapa. Uno de los manuales más famosos y más difundido, de este tipo de adivinación, fue escrito por el famoso académico nyingmapa, Ju Mipham. Consiste en usar cordones de ocho hilos hechos con cabellos de diferentes animales. Se atan en pares y se avientan al piso a fin de formar nudos (de los que hay trescientos sesenta tipos principales) para predecir el futuro. Los trescientos sesenta nudos también representan el séquito de Zhang Zhung Meri, la "Deidad de la Montaña de Fuego" (*me ri*) del Zhang Zhung.

En el caso del diagnóstico médico es importante hacer pruebas para las dos causas posibles de enfermedades: las de origen físico (*nad*) y las influencias de las energías negativas (*don*). La enfermedad se diagnostica a través del examen del pulso y la orina, para determinar el tipo de enfermedad y el tratamiento médico necesario. Las exacerbaciones por energía negativa o el desequilibrio energético se descubren a través de la adivinación y la astrología y se tratan por medio de prácticas rituales.

2. *El Vehículo del Shen del Mundo Manifiesto* (o de La Producción de los Signos Visibles) (*sNang gshen theg pa*). Este vehículo contiene rituales para tratar con los aspectos fenoménicos, contemplados ya sea como dioses (*lha*), positivos, que ayudan y protegen; y demonios ('*dre*), negativos, que dañan y perturban la vida humana. El énfasis está en aprender a comunicarse con estas energías, invocando a los dioses y repeliendo a los demonios. Se dice que el maestro de este Vehículo es como un mercader que, gracias a sus habilidades para comunicarse con otros comerciantes, es capaz de satisfacer a todo mundo. Las prácticas principales comprenden los cuatro Portales Gyer, los nueve *Ke cong* y los cuarenta y dos *Tang rag*. Según el *gZi brjid* (La gloriosa biografía de Tonpa Shenrab), los "Portales" tradicionalmente se dividen en cuatro:

a. "Las Aguas Negras (*chab nag*)", "el río, el portal del exorcismo (*sel*)" que contiene métodos de invocación de deidades y de exorcismo de demonios por medio de la declaración del mito de origen (*smrang*). Tiene muchos rituales diferentes para exorcizar negatividades y aportar beneficios, tales como el "ritual blanco de la deidad de existencia primordial (*Ye srid lha gzung dkar po*)", "el ritual multicolor del poder primordial de la deidad con armas (*Ye dbang gnyan*)" y "el ritual negro de la dei-dad de la conquista primordial (*Ye 'dul dmag gzhung*)". Estas tres deidades también están incluidas bajo "la deidad de la mente (*thugs ka'i lha*)". Otra serie importante de rituales son los cuatro rituales del *sgra bla'i dpa' khrom*.

b. "Las Aguas Blancas (*chab dkar*)", que contiene los métodos para la eliminación de las influencias amenazantes de los nueve demonios y de los diez "vampiros" o espíritus malignos. A fin de vencer sus influencias negativas, estos nueve demonios se eliminan a través de rituales de rescate, mientras que los diez espíritus malignos deben sepultarse, ejecutando rituales especiales que culminan con la erección de stupas sobre los sitios de entierro.

c. "El *Phan yul*, El Portal de Rescate por Intercambio Equitativo" que comprende métodos rituales con el fin de preparar imágenes sustitutas o rescates de víctimas (hombres, mujeres y niños) para presentárselos a los espíritus hostiles. El principio de esta práctica es eliminar los residuos kármicos mediante el pago de "deudas kármicas" contraídas con otros tipos de seres.

d. La "*Guía Maestra (dPon gsas)*", "El Portal de los Rituales" para diversos espíritus de la naturaleza. Esto comprende varias *sadhanas* (prácticas espirituales) dirigidas a las deidades (*lha gsas*) de diferentes dimensiones, tales como el panteón de las deidades iracundas del espacio (*bying gyi lha tshogs*), así como a las deidades masculinas y femeninas, a los Protectores, los Señores de la tierra y los *nagas*.

3. *El Vehículo del Shen del Poder Mágico ('phrul gshen theg pa)*, que contiene rituales mágicos para asegurar la ayuda de la naturaleza en la agricultura y también para deshacerse de los enemigos. Este Vehículo enfatiza las tres actividades principales de veneración, conjuros y peticiones (*bsnyan sgrub las*). El practicante venera a su divino maestro espiritual, a sus padres, amigos y hermanos y hermanas espirituales, y valora su propio corazón y sus ojos. El conjuro consiste en ir a un lugar adecuado y preparar ahí un altar, un mandala y ofrendas. En las peticiones se hacen prácticas de visualización, recitación de mantras, mudras e invocaciones para decretar la acción mágica iracunda. Finalmente, está la *sadhana* concluyente. La acción mágica iracunda de suprimir, quemar y repeler a los demonios, espíritus malignos y engañosos que dañan a los seres; estas enseñanzas se encuentran en los siguientes Tantras: el externo (comprendido en los Tantras Madre), el interno (los Tantras Padre) y el secreto (en el cual se aplican los *bindus* de la acción, *las kyi thig le*).

4. *El Vehículo del Shen de la Existencia (srid gshen theg pa).* Éste se ocupa principalmente de los trescientos sesenta ritos funerarios y de consagración propiciatoria (*dur*), y de cálculos astrológicos para el difunto en el estado intermedio (*bar do*). La intención es guiar a los muertos a través del estado después de la muerte y protegerlos de las perturbaciones de los espíritus malignos. Este vehículo contiene una clasificación de ochenta y un causas de muerte: veinte por enfermedades derivadas del calor o el frío severos; veinte por accidentes causados por energías negativas y obstáculos (*gdon gegs*); veinte por armas de guerra; veinte por causas secundarias de los elementos; solamente una es de muerte kármica por causa natural al final de una vida plena. Este Vehículo también contiene métodos

rituales para asegurar una buena salud, fortuna y larga vida para los vivos.

5. *El Vehículo de los Practicantes Laicos Virtuosos (dge bsnyen theg pa)*. Éste, que es el primero de los cuatro vehículos del "fruto", especifica reglas morales y éticas para las personas laicas.

6. *El Vehículo de los Sabios Ascéticos (drang srong theg pa)*. Éste formula las reglas ascéticas estrictas y disciplinarias que deben ser obedecidas por los monjes y monjas ya plenamente ordenados.

7. *El Vehículo de la "A" Blanca (a dkar theg pa)*. Éste trata de la práctica tántrica de transformación a través de la visualización de nosotros mismos como una deidad y de las prácticas concernientes al *mandala*. Se acumula gran poder a través de estas prácticas.

8. *El Vehículo del Shen Primordial (ye gshen theg pa)* se ocupa de las prácticas tántricas esotéricas. Describe en detalle la relación con el maestro tántrico, la práctica adjunta, las fases de generación (*bskyed rim*) y de consumación (*rdzogs rim*) de la práctica tántrica de transformación en la deidad sagrada personal (*yi dam*), y el comportamiento altamente informal de los sabios perfeccionados de "la sabiduría loca".

9. *El Vehículo Supremo (bla med theg pa)* describe la base absoluta (*kun gzhi*) de la iluminación y de la ilusión; el camino (*lam*), la mente que mora en su estado natural primordial, y el fruto (*bras bu*), la iluminación y los logros supremos. El noveno vehículo comprende las enseñanzas de Dzogchen, la "Gran Perfección". Expone la perspectiva, meditación y aplicación del camino Dzogchen directo e inmediato y describe los logros de Dzogchen: la realización de la iluminación en nuestra propia vida actual.

Los Tesoros del Centro

Los Nueve Vehículos de los Tesoros del Centro se dividen en los
Vehículos de la Causa y los Vehículos del Fruto.

Los Vehículos inferiores de la causa son:

1. Los Vehículos de Dioses y Hombres donde Uno Se
Apoya en el Otro (*Lha mi gzhan rten gyi theg pa*).

2. El Vehículo de Aquellos que Entienden por Sí Mismos
y que Siguen a Shenrab (*Rang rtogs gshen rab kyi theg pa*).

Los Vehículos superiores de la causa son:

3. *El Vehículo de los Bodhisatvas Compasivos (Thugs rje sems
pa'i theg pa)*. En este Vehículo es necesario entender la ausencia inherente de existencia independiente del yo y de los fenómenos, a fin de practicar los Diez Paramitas (generosidad, mo-
ralidad, paciencia, diligencia, meditación, fuerza, compasión,
compromiso, recursos hábiles y sabiduría). De este modo uno
logra el estado búdico perfecto del *Trikaya*.

4. *El Vehículo de los Bodhisatvas que no tienen Elaboración
Conceptual (gYung drung sems dpa'spros med pa'i theg pa)*. En esta vía es necesario entender la naturaleza vacía e impermanente
del yo y de los fenómenos, para practicar los Diez Paramitas y
las Cuatro Acumulaciones (generosidad, hablar amigablemen-
te, practicar de acuerdo al significado y enseñar en armonía
con el significado y conforme a la capacidad intelectual de los
estudiantes). De este modo uno obtiene el estado búdico perfecto del *Trikaya*.

Los caminos tántricos externos:

5. *El Vehículo del Bön Primordial de la Conducta Pura y de
la Actividad Ritual (Bya ba gtsang spyod ye bon gyi theg pa)*. És-

te es el Vehículo de Kriyatantra y enfatiza la conducta pura. Es necesario que uno se establezca, sin modificación, en la condición original del estado natural y que reverencie al "ser de conocimiento" (*ye shes pa*) como un Señor y que practique los Diez Paramitas y las Cuatro Acumulaciones. De este modo uno logra el estado búdico perfecto del *Trikaya*.

6. *El Vehículo del Conocimiento Claro Que Conoce Todos los Aspectos (rNam pa kun ldan mngon shes kyi theg pa)*. Éste es el Vehículo del Charyatantra. Es necesario que uno mismo se establezca en la condición original del estado natural sin modificación, que honre al "ser de conocimiento" como un hermano, y que practique los Diez Paramitas y las Cuatro Acumulaciones. De este modo uno obtiene el estado búdico perfecto del *Trikaya*.

Los caminos tántricos internos:

7. *El Vehículo de la Manifestación de la Compasión como Visualización Real (dNgos bskyed thugs rje rol pa'i theg pa)*. En este vehículo es necesario establecerse en la perspectiva elevada de la verdad absoluta, permanecer en la condición original del estado natural sin modificación y practicar la visualización del proceso de generación (*bskyed rim*) de la deidad de transformación. De este modo uno obtiene el estado búdico perfecto del *Trikaya*.

8. *El Vehículo donde Todo es Perfecto y Significativo (Shin tu don ldan kun rdzogs kyi theg pa)*. En este Vehículo es necesario establecerse en la perspectiva más elevada de la verdad absoluta y permanecer sin modificaciones en la condición original del estado natural, donde el espacio y la conciencia despierta son inseparables, y practicar la visualización del proceso de

perfección (*rdzogs rim*) de la deidad de transformación. De este modo uno logra el estado búdico perfecto del *Trikaya*.

9. *El Vehículo Insuperable de la Máxima Cúspide del Dzogchen Primordial (Ye nas rdzogs chen yang rtse bla med kyi theg pa)*. Este Vehículo comprende tres series de enseñanzas: *Semde* (*sems sde*), la serie de enseñanzas sobre la mente y sobre el vacío esencial del estado natural; *Longde* (*klong sde*), la serie de enseñanzas sobre el espacio y sobre la claridad natural del estado natural, y *Menagde* (*man ngag sde*), las series de las instrucciones secretas sobre la inseparabilidad del vacío y la claridad que se manifiesta como energía de compasión (*thugs rje*). En *Menagde* el camino consiste en las prácticas de *trekchöd* y *thogal*; de este modo uno obtiene el estado búdico perfecto del *Trikaya* y obtiene el *jalu* (*ja' lus*), el cuerpo de arco iris o de luz.

APÉNDICE II

SEGUNDO CICLO: LOS CUATRO PORTALES Y EL QUINTO,
EL ARCA DEL TESORO

Los Cuatro Portales y el Quinto, el Arca del Tesoro son:

1. *El Bön del Agua Blanca de los Mantras Iracundos (Chab dkar drag po snags kyi bon)*, consistente en prácticas esotéricas tántricas que comprenden la recitación de mantras iracundos: las "nueve entradas base" (*bsnyen pa'i zghi ma sgo dgu*), las "dieciocho secciones de *sadhanas*" (*bsgrub pa'i yan la bco brgyad*) y las "nueve acciones del gran Chong" (*mChong chen sde dgu*). Estas nueve acciones son: ritos de predicción usando espejos (*gsal byed me long pra yi 'phyong*); ritos propiciatorios de diversas deidades (*mkha' klong rab 'byams bskong ba'i 'phyong*); ritos funerarios (*nyi zer zhags pa 'dur gyi 'phyong*); ritos de curación (*'od zer 'khyil pa sman gyi 'phyong*); ritos en los que se utiliza el fuego (*las bzhi rgyun lnga sbyin sreg 'phyong*); ritos de renovación de fe (*'gu ya srog 'dzin dbang gi 'phyong*); prácticas de sabiduría meditativa (*ye shes rtse rgyal lta ba'i 'phyong*); prácticas esotéricas elevadas (*thig le dgu pa nyams 'phyong*). Pertenecen al ciclo *Chipung (sPyi spungs)* de enseñanzas.

2. *El Bön del Agua Negra de los Tantras de la Existencia (Chab nag srid pa rgyud kyi bon)*, que consiste en varios rituales (mágicos, de predicción, adivinatorios, funerarios, para rescates, etc.) de purificación.

3. *El Bön de los Cien Mil Versos Sutra de la Tierra de Phan ('Phan yul rgyas pa 'bum gyi bon)*, que consiste en las reglas para monjes y laicos, con explicaciones filosóficas.

4. *El Bön de la Guía Oral y las Instrucciones Secretas de los Sabios Maestros (dPon gsas man ngag lung gyi bon)*, que consiste en las enseñanzas y preceptos de las prácticas Dzogchen.

5. *El Bön del Tesoro, que es Supremo y que lo Abarca Todo (gTsang mtho thog spyi rgyug mdzod kyi bon)*, comprende los aspectos esenciales del conjunto de los cuatro portales.

APÉNDICE III

CON RESPECTO AL *ZHANG ZHUNG NYAN GYUD*

El *Zhang Zhung Nyan Gyud* es ahora una vasta colección de textos, que abarcan más de 700 páginas de Tantras raíz de enseñanzas, volúmenes de comentarios y conjunto de experiencias de los maestros del linaje, usados como guías para la práctica. Hay también secciones sobre la historia inicial de Zhang Zhung y del Tíbet.

Para dar un ejemplo de estas enseñanzas, examinemos las "Instrucciones de Las Seis Luces" (*sGron ma drug gi gdams pa*). La primera luz o capítulo (*gNas pa gzhi'i sgron ma ngo bo ji lta gnas pa kun gzhi ngos 'dzin gnad*), "El método para reconocer la base de todo (*kunzhi*), la esencia de la naturaleza original de la existencia", explica que la verdadera naturaleza de la base de la existencia fenoménica es el vacío. El segundo capítulo (*Tsi ta sha'i sgron ma gzhi gang na gnas pa rang rig klong shar gyi gnad*), "El método que ilustra cómo la luz de la sabiduría original brilla con el corazón físico" explica que la luz de la sabiduría original habita dentro del corazón humano de carne y sangre. El tercer capítulo (*dKar 'jam rtsa'i sgron ma lam gang las pyung pa ye shes zang thal gyi gnad*), "El método que ilustra cómo la sabiduría sin obstrucciones surge en el camino de luz del canal blanco central" explica los canales sutiles del cuerpo yóguico en el cual la luz de la sabiduría circula sin obstrucción. El cuarto capítulo (*rGyang zhags chu'i sgron ma sgo gang la shar ba rigpa gcer mthong gi gnad*), "El método que ilustra cómo la visión pura de la sabiduría original surge a través de las puertas de agua de la luz (es decir, los ojos)" explica los métodos de contemplación de la sabiduría original que de manera indiferenciada penetra por igual la realidad interna y externa. Toda la existencia fenoménica se explica como una proyección de la luz original que reside en el corazón físico y se manifiesta a través de los ojos; esto implica que la realidad objetiva concreta es mera ilusión. El quinto capítulo, *Zhing khams sprod kyi sgron ma lam ci ltar nyams su blang pa sku gsum dmar thag bcad pa'i gnad*, "El método que ilustra la decisión irrevocable para llevar a cabo la práctica *Trikaya*, a través de la luz que introduce a las dimensiones puras", explica la práctica de contemplación iniciática por medio de la cual se manifiestan las dimensiones puras al dzogchenpa, a través de rayos de luz del arco iris y sonidos. El sexto capítulo (*Bar do dus kyi sgron ma 'khrul rtogs kyi so tshams gang la thug pa 'kor 'das gyes tshul gyi gnad ston pa*), "La enseñanza sobre el método de la luz en el *bardo*, donde uno alcanza los límites de la ilusión y la comprensión, la separación entre *samsara* y *nirvana*", explica las prácticas para ejecutarse en el estado del *bardo*, después de la muerte, donde la comprensión de la realidad nos lleva a la liberación y la ilusión nos regresa al *samsara*.

Los Maestros del Linaje del *Zhang Zhung Nyan Gyud*.

Las enseñanzas espirituales no brotan de la conciencia del pensamiento de los fundadores humanos de las religiones en el espacio y tiempo físico, sino que se despiertan desde su más profunda conciencia y provienen en última instancia del "espacio de la religión", más allá del tiempo cronológico y del lugar geográfico.

La larga transmisión de las enseñanzas Dzogchen de la tradición Bön del *Zhang Zhung Nyan Gyud* se derivan del *bonku* (*bon sku*), el "cuerpo o dimensión de la esencia" de la realidad que es la base *kunzhi* (*kun gzhi*) de la gran perfección. En el gran plano no condicionado, más allá del espacio, que es primordialmente puro (*ka dag*), más allá de *samsara* y *nirvana*, y que se perfecciona espontáneamente (*lhun sgrub*) con todas las cualidades potenciales, donde no existe causa, ni dimensión externa (universo) o dimensión interna (los seres dentro del universo), y sin forma ni color, radica el "paraíso del espacio", la ciudadela donde el maestro primordial (*ye nyid ston pa*) La Conciencia Despierta que Surge por Sí Misma, el *bonku* (*Dharmakaya*; cf. *chos sku*, el verdadero cuerpo en el budismo), el Buda Kuntuzangpo (*Kun tu bZang po*; en sánscrito, Samantabhadra), dio las enseñanzas al "cuerpo de perfección" (*rDzogs sku: Sambhogakaya*; cf. *klong sku*, el cuerpo de goce en el budismo), el Buda Shenlha Okar (*Shen lha 'Od dkar*), por transmisión directa de la mente. Sin conceptos o palabras, Samantabhadra transmitió mentalmente las cuatro series de enseñanzas del Dzogchen bön:

1. *Phyi lta ba spyi spyod*, "la perspectiva externa general"; éstas son las enseñanzas introductorias.

2. *Nang man ngang dmar khrid*, "la instrucción esencial directa e interna".

3. *gSang ba rig pa gcher mthong*, "la conciencia despierta desnuda secreta de *rigpa*"; éstas son enseñanzas secretas sobre métodos de meditación en la luz.

4. *Yang gsang gnas lugs phug chod*, "el descubrimiento del estado natural secreto y profundo del ser"; éstas son las enseñanzas más esotéricas.

Shenlha Okar, a su vez, transmitió las enseñanzas a su discípulo de "mente y pensamiento", el "cuerpo de manifestación" (*Sprul sku*) Tonpa Shenrab Miwoche, quien en su momento transmitió las enseñanzas en esta dimensión del mundo en Zhang Zhung, mediante la transmisión mental sin palabras (*dgongs brgyud*).

Entonces estas enseñanzas fueron gradualmente transmitidas en esta forma por el linaje de nueve maestros de la transmisión mental (*dgongs rgyud dgu*) de Zhang Zhung:

1. Ye nid kyi ston pa Kuntuzangpo
2. Thugs rje'i ston pa Shenlha Okar
3. sPrul pa'i ston pa Shenrab Miwo
4. Tseme Oden (Tshan med 'od ldan)
5. Tulshen Nangden ('Phrul gshen snang ldan)
6. Barnang Khujuk (Bar snang khu byug)
7. Yum Zangza Ringzun (Yum bzang za ring tsun)
8. Chimed Tsugphu ('Chi med gtsug phud)
9. Sangwa Dupa (gSang ba 'dus pa)

Al linaje de transmisión mental le siguió el linaje de veinticuatro grandes maestros (*gang zag nyi bzhi*) del *Zhang Zhung Nyan Gyud*, "la transmisión oral de Zhang Zhung" así llamada porque sus veinticuatro maestros eran de Zhang Zhung y usaron la palabra para transmitir las enseñanzas.

1. gShen Hor ti Chen po
2. Kun mkhyen Don sgrub
3. Tshe spung Zla ba rGyal mtshan
4. Ra sangs Klu rgyal
5. Ta pi hri tsa
6. Ra sangs Ku ma ra tsa
7. Ra sangs bSam grub
8. Zhang Zhung Sad ne ha'u
9. Gu rib Lha sbyin
10. Gu rib dPal bzang
11. Ra sangs Khrin ne khod

12. Jag rong gSas mkhar
13. Khyung po A ba ldong
14. Khyung po bKra sis rGyal mtshan
15. Khyung po Legs mgon
16. Ma hor sTag gzig
17. Don grub Legs pa kLu'i sras
18. Zhang Zhung Khra sna sTag sgro
19. Zhang Zhung 'Yu lo
20. Zhang Zhung Khri pa
21. Khyung po Legs mgon
22. Ma hor sTag gzig
23. Gu rib Sin slag can
24. (Gyer-spungs) sNang bzher Lod po

Todos estos ilustres maestros de la tradición Bön, obtuvieron el cuerpo de arco iris y formaron un linaje ininterrumpido de transmisión de maestro a discípulo, conocido en aquel tiempo como la "transmisión única" (*gcig rgyud*) del maestro a un solo discípulo. De hecho la transmisión a menudo se daba a través de una caña hueca o caña de bambú, directamente de la boca del maestro al oído del discípulo, para que no pudiera ser difundida por el viento o escuchada por nadie más. El maestro, quien había experimentado la verdad de la enseñanza, encontraba al discípulo adecuado a quién entregar todo su conocimiento a través de la transmisión de su experiencia viva; y sólo después de la muerte del maestro, el discípulo comenzaba a su vez a transmitir las enseñanzas. Sin embargo, no siempre era fácil encontrar al discípulo adecuado a quién transmitirle la enseñanza, como veremos después, con el ejemplo de Tapihritsa. Antes de Tapihritsa, el linaje de maestros confiaba las enseñanzas a un solo discípulo para continuar la transmisión; Tapihritsa les dijo a sus propios discípulos que era bueno enseñar a más de una persona, incluso a doscientas o trescientas personas, pero primero el maestro debe determinar si los discípulos están capacitados para recibir las enseñanzas.

Cada uno de estos veinticuatro maestros experimentó los resultados de la práctica de diferentes maneras y dejó a sus discípulos una transmisión de las enseñanzas, explicaciones y métodos de meditación basados en su propias experiencias personales (*nyams rgyud*); en el siglo once esto se escribió y se recopiló. Yo recibí estas enseñanzas durante un retiro de veinticuatro días; cada día practicábamos según la explicación experimental de cada uno de los maestros, visualizándolo en la forma de la deidad del guru yoga, Shenlha Okar (que simboliza la unión de todos los maestros del linaje), para que su experiencia personal pudiera penetrar profundamente en nosotros.

La principal práctica de todos estos maestros fue la contemplación Dzogchen, y como apoyo a la práctica fundamental, se realizaron las prácticas de las deidades tutelares Meri y Gekhod, las principales divinidades de Zhang Zhung. Zhang Zhung Meri se asocia con el monte Kailash y está muy estrechamente unido a la transmisión de las enseñanzas del *Zhang Zhung Nyan Gyud*.

GLOSARIO DE NOMBRES
ESPAÑOL-TIBETANO

Aguas Blancas	chab dkar* chab kar
Aguas Negras	chab nag chab nag
Aquellos Totalmente Victoriosos en el Espacio	Kun dbying rgyal ba'i dkyil 'k 'khor Kun-ying gyal-we gyil kor
Biografía gloriosa de Tönpa Shenrab	'Dus pa rin po che'i rgyud dri ma pa gzi brjid rab tu 'bar ba'i mdo Du-pa rin-po-che'i gyu dri-ma-pa Zi-ji rab tu bar-we do
Bön del Agua Negra de los Tantras de la existencia	Chab nag srid pa rgyud kyi bon Chab nag dri-pa gyu gyi bon
Bön del Arca del Tesoro que es el Supremo y que lo Abarca Todo	gTsang mtho thog spyi rgyug mdzod kyi bon Tang tho thog chi gyu dzo Kyi bon
Bön de la Guía Oral e Instrucciones Secretas del Maestro Sabio	dPon gsas man ngag lung gyi bon Pon-se men-ngag lung gyi bon
Bön del Sutra de Cien Mil Versos del País de Phan	'Phan yul rgyas pa 'bum gyi bon Pen-yul gya-pa bum gyi bon
Buda Shenlha Okar	gShen lha 'Od dkar Shen-lha Wo-kar
Cinco vehículos del Fruto	'bras bu'i theg pa lnga Dre-bu'i theg-pa nga
Continente de los Cien Mil Guésares que es el Castillo de Lha	sgas Khang Ge sar 'Bum gling Ge-khang Ge-sar bum ling

---

* Tanto en este glosario como en el glosario de términos que le sigue, después de la transliteración creada por Turrell Wylie se ofrece la transcripción fonética al español.

Cuatro Portales del Bön y el Quinto, el Arca del Tesoro	Bon sgo bzhi mdzod lnga Bon-go zhi dzo nga
Cuatro vehículos causales	rGyu'i theg pa bzhi Gyu'i theg-pa zhi
Cumbre Indestructible que es el Castillo de Lha, La	Sas Khang gYung drung Lha tse Se-kang Yung-drung Lha tse
Dampa Togkar	Dam pa tog dkar Dam-pa tog kar
deidad conectada con la luz amarilla	gSal wa Rang byung Sal-wa rang-jung
deidad conectada con la luz azul	dGa'ba Don grup Ga-wa Don-drup
deidad conectada con la luz blanca	Kun snang Khyab-pa Kun-nang chab-pa
deidad conectada con la luz roja	Che drag Ngos med Che-drag ngo-me
deidad conectada con la luz verde	dGe lha Gar phyug Ge-lha gar-chug
deidad de la mente	thugs kyi lha Thug kyi lha
deidad de la montaña de fuego	Zhang Zhung Me ri Zhang-zhung Me-ri
deidades funerarias	Mkha' klong rab 'byams bskong ba Kha-long rab-jam kong-ba
energías negativas	gdon dön
Espejo de la Mente luminosa, el	'Od gsal sems kyi me long Wo-sel sem kyi me-long
Gran expansión del Cenit de Dzogchen	bLa med rDzogschen yang rtse klong chen La-me Dzog-chen yang-tse long-chen
Instrucciones de las Seis Luces	sGron ma drug gi gdams pa Dron-ma drug gyi dam-pa
Instructor de Tapihritsa	(Gyer-spungs) sNang bzher Lod po) Gyer-pung Nang-sher Lo-po
Khyabpa Lagring	Khyab pa lag ring Chab-pa Lag-ring

Ladag Nagdro	Lha bdang sNgag dro
	Lha-dag Ngag-dro
Maestro Bonpo (n. 1926)	sLob dpon bsTan 'dzin rNam dag
	Löpon Tenzin Namdak Rínpoche
Maestro Bonpo (¿ ?–1977)	sLob dpon Sangs rgyas bsTan 'dzin
	Löpon Sangye Tenzin Rínpoche
Maestro Bonpo Shardza Rínpoche (1859–1934 ó 1935)	Shar rdza bkra shis rgyal mtshan
	Shardza Tashi Gyaltsen Rínpoche
Maestro Guía al Portal de los Rituales	dPon gsas cho ga
	Pon se Cho ga
Mandala de la Madre del Loto Puro	rNam dag Pad ma Yum chen gyi dkyil 'khor
	Nam-dag pe-ma yum-chen gyi gyil-khor
Monasterio Yundgrung ling	gYung drung gling
	Yung-drung ling
Monte Kailash	Gangs chen Ti se
	Gang-chen ti-se
Mucho Demdrug	Mu cho lDem drug
	Mu-cho Dem-drug
Nagas	klu
	lu
nombre de texto	'Brig mtshams mtha' dkar
	Drig tsham tha kar
nombre de texto	'Dus pa rin po che'i rgyud gzer mig
	Du-pa rin-po-che'i gyu Zer mig
nombre de texto	bsGrags pa sKor gsum
	Drag-pa khor sum
nueve acciones del gran Chong	mChong chen sde dgu
	Chong-chen de gu
Nueve Vehículos del Bön	Theg pa rim dgu'i bon
	Theg-pa rim gu'i bon
Nueve Vías del eterno Bön	gYung drung bon theg pa rim dgu
	Yung-drung bon theg-pa rim Gu
Palacio de Plata del Valle Garuda	Khyung lung dngul mkar
	Chung-lung ngul-kar

Nyamed Sherab Gyaltsen	mNyam med Shes rab rGyal mtshan Nya-me She-rab Gyalt-sen
Rasang Lugyal	Ra sangs klu rgyal Ra-sang Lu-gyal
Rey Trisong Detsen	Khri srong lde'u btsan Tri-song De-tsen
ritual blanco de la deidad de la existencia primordial	Ye srid lha gzung dkar po Ye-si lha zung kar-po
ritual negro de la deidad de la conquista primordial	Ye 'dul nag gzhung Ye-dul nag zhung
Tapihritsa	ta pi hri tsa Ta-pi ri-tsa
texto bön de lógica Dzogchen	Gal mdo Gal-do
transmisión oral del país de Zhang Zhung	Zhang Zhung sNyan rGyud Zhang-zhung nyen gyu
Unión de los Cuatro Chakras	'kor lo bzi sbrags Khor-lo zi-drag
Vehículo de la A blanca	a dkar theg pa A-kar theg-pa
Vehículo de los Bodhisattvas Compasivos	Thugs rje sems pa'i theg pa Thug-je sem-pe theg-pa
Vehículo del Bön Primordial de la Conducta Pura y de la actividad Ritual	Bya ba gtsang spyod ye bon gyi theg pa Cha-wa tang cho ye-bon gyi theg-pa
Vehículo de los Bodhisattvas que no tienen Elaboración conceptual	gYung drung sems dpa' spros med pa'i theg pa Yung-drung sem-pa cho-me pe theg-pa
Vehículo del conocimiento claro que conoce todos los aspectos	rNam pa Kun ldan mngon shes kyi theg pa Nam-pa kun-den ngo-she kyi theg-pa
Vehículo de los Dioses y Hombres donde uno confía en el otro, el	Lha mi gzhan rten gyi theg pa Lha-mi zhen-ten gyi theg pa

Vehículo Insuperable de la
Máxima Cúspide del Dzogchen
Primordial

Ye na rdzogs chen yang rtse bla
med kyi theg pa
Ye-na dzog-chen yang-tse la
me kyi theg-pa

Vehículo de la Manifestación
de la Compasión como
visualización real

dNgos bskyed thugs rje rol pa'i
theg pa
Ngo-che thug-je rol-pe
theg-pa

Vehículo de los Practicantes
Laicos Virtuosos

dGe bsnyen theg pa
Ge-nyen theg-pa

Vehículo de los Sabios Ascetas

Drang srong theg pa
Dren-song theg-pa

Vehículo del Shen de la
Existencia

Srid gshen theg pa
Si-shen theg-pa

Vehículo del Shen del Poder
Mágico

'Phrul gshen theg pa
Trul-shen theg-pa

Vehículo del Shen Primordial

Ye gshen theg pa
Ye-shen theg-pa

Vehículo del Shen del Mundo
Manifiesto

sNang gshen theg pa
Nang-shen theg-pa

Vehículo del Shen de la Práctica
Predicción

Phya gshen theg pa
Cha-shen theg-pa

Vehículo de Aquellos que
entienden por sí mismos y
siguen a Shenrab

Rang rtogs gshen rab kyi theg pa
Rang-tog Shen-rab kyi theg-pa

Vehículo donde todo es Perfecto
y Significativo

Shin tu don ldan kun rdzogs kyi
theg pa
Shin tu don-den kun-dzog kyi
theg-pa

Glosario de términos
Español-Tibetano

adivinación

    mo
    mo

aferrarse a la mente

    sems 'dzin
    sem-zin

agitación

    rgod pa
    go-pa

agotamiento de los fenómenos

    bon nyid zad pa
    bon-nyi ze-pa

alegría/gozo

    bde ba
    de-wa

alma

    bla
    la

altas prácticas esotéricas

    thig le dgu pa nyams kyi'phyong
    thig-le gu-pa nyam kyi chong

animales

    byol song
    chol song

aplicación

    las
    le

aumentar la visión

    nyams snang gong 'phel
    nyam-nang gong-pel

autoclaridad

    rang gsal
    rang-sel

autoclaridad no obscurecida, cual espejo

    me long sgrib med rang gsal
    me-long dri-me rang-sel

autoconocimiento

    rang rig
    rang-rig

autodominio

    rang ldan
    rang-den

autoliberación	rang grol
	rang-drol
autoliberación en el momento	gcer lta gcer grol
del surgimiento	cher-ta cher-drol
autoliberación que surge por	rang shar rang grol
sí misma	rang-shar rang-drol
base	kun gzhi
	kun-zhi
bomba mágica	zor
	zor
brillante / lleno de luz	sNang ldan
	nang-den
Buda primordial	Kun tu bzang po
	Kun-tu zang-po
cálculos astrológicos y geománticos	rtsis
	tsi
camino	lam
	lam
camino de acumulación	tsogs lam
	tsog-lam
camino de preparación	sbyor lam
	jor-lam
camino de renunciación	spang lam
	pang-lam
camino del ver, que es el tercero	mthong lam
	tong-lam
cese de todos los fenómenos	bon nyid zad pa
	bon-nyi ze-pa
cinco luces puras, las	'od lnga
	wo-nga
claridad	gSal ba
	sel-wa
compasión	thugs rje
	thug-je

compasión sin obstrucción	ma 'gag pa
	ma gag-pa
conciencia despierta de la mente	bsam rig
cambiante	sam-rig
conciencia despierta de sobresalto	he bde ba
	he-da-wa
conciencia despierta	rig pa
	rig-pa
conciencia mental	rnam par shes pa
	nam-par she-ba
conciencia despierta penetrante	chab rig
	chab-rig
conciencia despierta primordial	ye rig
	ye-rig
Conciencia primordial del vacío	ye nyid ston pa
	ye-nyi ton-pa
condición natural de los fenómenos	bon nyid
	bon-nyi
condición natural	gnas lugs
	ne-lug
conjuro	ngag
	ngag
cualidad de permearlo todo	'byams yas pa
	yam ye-pa
cuatro visiones	snang bzhi
	nang-zhi
cuerpo de la esencia	bon sku
	bon-ku
cuerpo de luz	'ja' lus pa
	ya-lu-pa
cuerpo de manifestación	sprul sku
	tul-ku
cuerpo de perfección	rdzogs sku
	dzog-ku

deidad sagrada personal	yi dam
	yi-dam
deidades del espacio	dBying gyi Lha tshogs
	Ing gyi lha-tsog
demonios	'dre
	dre
desnudez transparente	zang thal gcer bu
	zang-tal cher-bu
Devas (sánscr.)/deidades	lha
	lha
dharma (sánscr.) / enseñanza; fenómenos	chos/bon
	cho/bon
descubrimiento del estado natural secreto y profundo del ser	yang gsang gnas lugs gtan la 'bebs pa
	yang-sang ne-lug ten-la beb-pa
dieciocho secciones de sadhanas	bsgrub pa'i yan lag bco brgyad
	drub-pe yen-la cho-gye
dioses	lha
	lha
ecuanimidad contemplativa	mnyam bzhag
	nyam-zhag
energía de la luz clara	'od gsal gyi snang ba
	wo-sel gyi nang-wa
energía	rtsal
	tsel
enfermedad	nad
	ne
escuela de dialéctica	bshad 'dra
	she-dra
esencia	ngo bo
	ngo-wo
esfera luminosa de la acción	las kyi thig le
	le kyi-thig-le
esfera única de totalidad	thig le nyag cig
	thig-le nyag-chig

espacio externo	mkha' kha
espacio interno	klong long
espacio mental interno	nang dbying nang-ing
espacio secreto	dbying ing
espíritus o energías negativas	gdon dön
estado de sólo contemplación	mKhregs chod trek-chod
eternidad	zad pa med pa ze-pa me-pa
expansividad ilimitada	yongs su rgya ma chad pa yong su gya-ma che-pa
experiencia	nyams nyam
experiencia de claridad	gsal ba'i nyams sel-we nyam
experiencia de gozo	bde ba'i nyams de-we nyam
experiencia de vacío	stong pa'i nyams tong-pe nyam
externo	phyi chi
fase de generación	bskyed rim kye-rim
fase de realización	rdzogs rim dzog-rim
fijación con un atributo	mtshan bchas tsen-che
fijación sin un atributo	mtshan med tsen-me

fruto	bras bu dre-bu
generalidad de significado	don spyi don-chi
generalidad de sonido	sgra spyi dra-chi
Golpear un clavo	gzer-bu cher-bu
gran esfera luminosa	thig le chen po thig-le chen-po
gran inmensidad	bdal pa chen po del-pa chen-po
guía de la A	A Khrid A-ti
hijo	bu pu
inconmensurabilidad	dpag tu med pa pag tu me-pa
inmensidad	mu med pa mu me-pa
inmutabilidad	'gyur ba med pa gyur-wa me-pa
inseparabilidad de claridad y vacío	gsal stong gnyis med sel-tong nyi-me
instrucción esencial directa interna	man ngag nang dmar khrid me-ngag nang-mar tri
instrucciones de guía para el estado intermedio	Bar do thos grol bar-do to-drol
integración	nyams len bsre ba nyam-len se-wa
introducción (a la mente natural)	ngo sprod ngo-tro
introducción forzada de la luz clara	'od gsal btsan thabs su ngo sprad Wo-sel ten-tab su ngo tro

liberación en el momento del surgimiento	shar grol shar-drol
liberación a través de la simple atención alerta	gcer grol cher drol
linaje largo	ring brgyud ring-gyu
logro	sgrub drub
logros ordinarios	thun mong gi dngos grub tun-mong gui ngo-drub
logros supremos	mchog gi dngos grub chog gui ngo-drub
luz	'od wo
luz clara	'od-gsal wo-sel
luz inherente a la conciencia, que se manifiesta por sí misma	rig 'pai rang 'od rig-pe rang-wo
llegar a un acuerdo	bzhed ldan zhe-den
madre	ma ma
madurar la visión	rig pa tshad 'phebs rig-pa tse-peb
materia física	rdul phran dul-dren
meditación introspectiva	lhag mthong lag-tong
mente analítica conceptual convencional, la	tha snyad tshad ma lhan bcas ta-nye tse-ma len-che
mente cambiante	sems sem
mente como tal, la	sems nyid sem-nyi

mente ilusoria	ma rig pa ma-rig-pa
mente que no se apega, la	'dzin pa med pa'i sems dzin-pa me-pe sem
método de adivinación	Zhang Zhung juthig Zhang zhung yu-tig

método de comprensión en
    el bardo
	Bar do dus kyi sgron ma 'khrul
	    rtogs kyi so tshams gang la thug
	    pa 'kor 'das gyes tshul gyi gnad
	Bar-do du kyi dron-ma trul-tog
	    kyi so-tsam gang-la tug-pa kor-de
	    gye tsul gyi ne

método de sabiduría que surge
    en el canal central
	dkar 'jam rtsa'i sgron ma lam gang
	    las pyung pa ye shes zang thal gyi
	    gnad
	kar-yam tse'i dron-ma lam gang-la
	    chung-pa ie-she zang-tel gyi
	    ne

método que introduce a las
    Dimensiones Puras
	zhing khams sprod kyi sgron ma
	    lam ci ltar nyams su blang pa
	    sku gsum dmar thag bcad pa'i
	    gnad
	zhing-kham tro kyi dron ma lam
	    chi-tar nyam su zang-pa ku-sum
	    mar-tag che-pe ne

método para reconocer la base
    de todo
	gnas pa gzhi'i sgron ma bo ji ltar
	    gnas pa kun gzhi ngos 'dzin
	ne-pa zhi'i dron-ma bo ji-tar
	    ne-pa kun-zhi ngo-dzin

mirada de [la postura de] león	seng ge 'gying ba'i lta stangs seng-ge gying-we ta tang
mirada de la postura de rueda	khor lo 'gying ba'i lta stangs kor-lo gying-we ta tang
mirada de la postura secreta	gsang ba 'gying b'ai lta stangs sang-wa'i gying-we ta tang
mirar al cielo, práctica de	rig pa nam mkhar gtad rig-pa nam-ka ta

naturaleza	rang bzhin rang-zhin
naturaleza de la mente	sems nyid sem-nyi
naturaleza esencial	ngo bo nyid ngo-wo nyi
neutralidad	lung ma bstan lung ma-tsen
no más entrenamiento, camino de	mi slob lam mi-lob lam
nuestra propia experiencia directa	nyams su myang nyam su nyang
nueva tradición	gsar ma sar-ma
nueve entradas de la base	bsnyen pa'i gzhi ma sgo dgu nyen-pe zhi-ma go gu
pensamiento	rtog pa tog-pa
permanecer en la tranquilidad de la calma mental	zhi gnas zhi-ne
persona	gang zag gang-zag
perspectiva	lta ba ta-wa
perspectiva general externa	phyi lta ba spyi spyod chi ta-wa chi-cho
portal de exorcismo	sel sel
Portal de Rescate por Intercambio Equitativo	'Phan yul pen-yul
Postmeditación	rje thob Ye-tob
prácticas de sabiduría meditativa	ye shes rtse rgyal lta ba'i 'phyong rnam par shes pa ie-she se-gyal ta-we chong nam-par she-pa

preceptos externos, tres	phyi gsum chi-sum
preceptos internos, tres	nang gsum nang-sum
presencia	dran rig dren-rig
pretas (sánscr.) espíritus hambrientos	yi dags yi-dag
primordialmente puro	ka dag ka-dag
rayos	zer zer
rayos inherentes a la conciencia que se manifiestan por sí mismos	rig pa'i rang zer rig-pe rang-zer
realidad absoluta	gNas lug mthar thug ne-lug tar-tug
residuos kármicos	bag chags pag-chag
resplandor	gdangs dang
retiro en la oscuridad	mun tshams mun tsam
ritos de curación	'od ser 'khyil pa sman gyi 'phyong Wo-zer kyil-pa men gyi chong
ritos de predicción en los que se usa un espejo	gsal byed me long pra yi 'phyong sal-we me-long dre chong
ritos de renovación de la fe	'gu ya srog 'dzin dbang gi 'phyong gu-ia sog-dzin wang gui chong
ritos de utilización del fuego	las bzhi rgyun lnga sbyin sreg 'phyong le-zhi gyum nga chin seg chong
rituales	gto to
rueda de la base primordial	gnas pa gzhi 'khor lo ne-pa zhi kor-lo

rueda de los puntos del cuerpo	lus gnad rtsa'i 'khor lo lu-ne tse kor-lo
rueda del estado intermedio	bar do dus kyi 'khor lo bar-do du kyi kor-lo
rueda de la realización y la ilusión	rtogs khrul rten 'brel gi 'khor lo tog-trul ten-drel gui kor-lo
saber	rig rig
sabiduría que se origina a sí misma	rang 'byung ye shes rang-chung ie-she
sabiduría que lo penetra todo	ye shes spyi blugs ie-she chi-lug
sabiduría que se comprende a sí misma	rang rig yes shes rang-rig ie-she
se perfecciona espontáneamente, que	lhun sgrub lun-drub
semidioses	lha ma yin lha ma-in
semillas de luz	thig le tig-le
señal	rtags tag
señales de progreso espiritual	zin rtags zin-tag
ser de conocimiento	shes pa she-pa
seres humanos	mi mi
serie de instrucción secreta	man ngag sde men-ngag de
serie de la mente	sems sde sem de
serie del espacio	klong sde long-de
sesión de práctica	thun tun

significado	don
	don
sin contracción	dog pa med pa
	dog-pa me-pa
sin límite	kha gting med pa
	ka-ting me-pa
sonido	sgra
	dra
sonido inherente a la conciencia que se manifiesta por sí mismo	rig 'pai rang sgra
	rig-pe rang dra
soporte visible	dmigs rten
	mig-ten
surgimiento exterior de la conciencia	rang rig khong shar
	rang-rig kong-shar
tesoro espiritual de la mente	dgongs gter
	gong-ter
trabajar con la luz/práctica con la luz (y visiones)	rthod rgal
	to-gal
tradición oral	bka' ma
	ka-ma
tranquilidad creada por la mente	blo byas kyi zhi gnas
	lo-ye kyi zhi-ne
tranquilidad estable	thar thug gi zhi gnas
	tar-tug gui zhi-ne
tranquilidad natural	rang zhin gyi zhi gnas
	rang-zhin gui zhi-ne
tres dimensiones, las	*Trikaya* (sánscr.) / sku gsum (tib.)
	ku sum
un solo sabor	ro gcig
	ro-chig
una vida y un cuerpo	tse gcig lus gcig
	tse-chig lu-chig
vacío	stongpa
	tong-pa

vehículo supremo	bla med theg pa
	la-me teg-pa
veneración	bsnyan
	nyen
vía de la flecha	mda' lam
	da lam
yo, el	nga
	nga
yogui	rnal'byor pa
	nel-yor-pa

The Ligmincha Institute
P. O. Box 1892
Charlottesville, Va. 22903 U. S. A.
Tel : (434) 977-6161
Fax : (434) 977-7020
Correo electrónico : Ligmincha@aol.com
Página Web: www.Ligmincha.org

Garuda, Asociación Cultural Tibetana A. C.
Amatlán No 124
Col. Condesa C. P. 06140
México, D. F.
Tel : (55) 5286-9913
Fax : (55) 5286-9913
Correo electrónico: garuda@prodigy.net.mx
Página Web: www.garudamexico.org

Esta obra se terminó de imprimir
en septiembre del 2004, en los Talleres de

IREMA, S.A. DE C.V.
Oculistas No. 43, Col. Sifón
09400. Iztapalapa, D.F.